遺世獨立的
極地之美

閣林國際圖書

Contents 目錄

頁1左起：衝浪的巴布亞企鵝（*Pygoscelis papua*）；巨大的桌狀冰山；威德爾海豹（*Leptonychotes weddellii*）。

頁2-3：南冰洋（Southern Ocean）在漫漫嚴冬中冰封，形成海上的巨大浮冰，這些浮冰聚積在一塊而結成冰壁。

頁4-5：羅斯海（Ross Sea）上一座古老且飽經風化的冰山之下，阿德利企鵝（*Pygoscelis adeliae*）在浮冰上爬行而過。

頁6-7：位於威德爾海（Weddell Sea）的阿特卡海灣（Atka Bay）內，皇帝企鵝（*Aptenodytes forsteri*）以冰山裡的巨大洞穴為家，在海冰上棲居。

頁8-9：年幼的小海象（*Mirounga leonina*）並排躺在南喬治亞島（South Georgia）的海灘上，身後是一群國王企鵝（*Aptenodytes patagonicus*）。這群海象會在海上度過整個嚴冬。

頁10-11：在南三明治群島（South Sandwich Islands）之一的坎德爾馬斯島（Candlemas Island）附近，一群南極企鵝（*Pygoscelis antarcticus*）聚集在一座古老而幽藍的冰山上。

頁13：南極半島（Antarctic Peninsula）的天堂灣（Paradise Bay）中，一座小冰山無瑕地倒映在靜潔如鏡的水面上。

遺世獨立的極地之美

南極洲，擁有令人屏息的絕景與自然精華的野性天地。它是地球上終極的冰冷荒原，高聳且寒風肆虐。這座冰雪高原看來了無生機。但矛盾的是，南極洲沿岸地帶及環海區域卻又生意盎然，其中有許多生物是高緯度地區的特有物種。南極洲不隸屬於任何人，亦沒有傳統意義上的國家公園或自然保護區。這一整片第七大陸應被視為一座世界公園，以求永續留存，讓世人去讚嘆、徜徉其中。難能可貴的是，世上竟存在著這樣一塊大陸，能夠純然地保留給和平用途。人們可以在此從事科學研究、保育野生生物、進行低破壞性的休閒活動，同時接受荒野的洗禮，讓心靈獲得純粹的滋養。

南極大陸原始而自由。歸功於《南極公約》（Antarctic Treaty，於1959年簽訂，1961年生效）的遠見卓識，南緯60度以上區域的一切景致才得以永續留存。《南極公約》最初由7個國家共同簽署，而今已有46國簽署支持，其中大部份國家在南極設立全年運作的研究站。《南極公約》的條款包含許多明智的保護措施及對傾倒核廢料的禁令，並明令排除了非科學支援性質的軍事活動。

南極洲是一塊遺世獨立、覆滿堅冰的大陸，廣袤無邊而難以窮盡。其總面積為1,400萬平方公里，大約相當於美國國土面積的2倍。南極大陸群山崢嶸，但其最高峰文森山（Vinson Massif）海拔不過4,892公尺，以全球標準觀之，並不算高。然而，艾爾沃斯山脈（Ellsworth Mountains）與橫貫南極山脈（Transantarctic Mountains）諸峰壁立之巍峨氣勢，較之喜馬拉雅山脈亦是不遑多讓。更令人驚訝的是，南極洲竟存有活火山。不過，除了南維多利亞地（South Victoria Land）內著名的乾燥谷（Dry Valleys）外，南極洲幾乎遍地冰封。這裡的土壤稀少且貧瘠，但仍有些許植物在此奮力圖存。少數具特殊適應能力的植物如地衣，能夠存活於岩石之上，在南極點（South Geographic Pole）數百公里以內的區域頑強求生，而某些植物甚至能在岩縫中生存下來。苔蘚和雜草亦會在南極大陸外緣落地生根。南極植物之稀少，恰與北極形成了鮮明對比：在北極，有大約100種高等植物繁茂生長。

北極是一片為陸地所包圍的汪洋，而南極卻是一片為浩瀚的南冰洋所環繞的大陸。南冰洋是世人所能想像最為嚴寒而狂暴的水域，同時也是富含養分、足可滋育廣大生態的海洋。在冬季，南冰洋因凍結而磨擦作響，鑲嵌成一片堅硬似鐵的浮冰，使南極大陸的面積足足增加了一倍。如此大片的冰體造成的反射效應十分可觀，而南極洲與南冰洋相結合的影響力，足可對全球氣候系統和海洋環流模式造成深廣的效果，即便在北半球亦不例外。在南極洲，時常可以見到巨大的桌狀冰山自冰棚轟然崩落，有些長達數百公里。

今日，大家都承認人類對地球的衝擊 尤其是燃燒石化燃料造成的破壞 已然明顯地促使全球暖化。這無疑強調了兩極地區作為敏感的氣候變化指標，是多麼至關重要。南極半島，這座多山的狹長半島，宛若一根手指般指向南美洲，其暖化速度比地球上的任何地方都要快。引人注目的是，在過去十年間，整個冰河及冰棚系統已然崩解，這在冰河研究史的紀錄中，是前所未有的事件。它會引發海冰加速消逝，後果極其深遠，有可能會使全球海平面升高，進而衝擊到眾多的島嶼地區。

南極洲與南冰洋養育了各式各樣的野生生物，其中有許多為本地獨有。雖然與北極相較，南極洲的物種相對較少，但它們為數眾多。南極洲食物鏈的基礎是一種類似於蝦的動物——磷蝦（Euphausia superba）。這種大群的微小甲殼動物，供給了無數海鳥、企鵝及海豹的食物來源。這些海洋動物耗費大量的時間在南冰洋漫遊，只為尋覓磷蝦和小魚來餵養牠們的子女。每年從十月到翌年一月，這些小傢伙在短暫的南極夏季裡孵化或誕生。濾食性的鬚鯨（Mysticeti）同樣以磷蝦為食物。由於今日對南極地區鯨魚的工業性屠殺已經停止，人們發現已有越來越多的鯨類在南冰洋水域中捕食。儘管日本人仍繼續營運著一支小型的南極遠洋捕鯨船隊，但是今日的南冰洋已然成為鯨魚的庇護所。在這裡，鯨魚的數量得以恢復，在昔日的無情屠殺之後，牠們有望獲得平靜與撫慰。

當然，正是因為有了企鵝，南極才變得舉世矚目。這種令人難忘、性情堅韌的小海鳥，外觀看來彷彿身穿黑白相間的燕尾服，同時邁著卓別林式的蹣跚步伐。雖然企鵝不能飛，但牠們在水中梭游的身手，卻仿若翱翔。不過，也只有當牠們在繁殖季走上陸地時，遊客才有幸一睹那憨態可掬的模樣。在17種不同企鵝中（譯者注：另一說有18種），只有阿德利企鵝、巴布亞企鵝、南極企鵝以及皇帝企鵝會在南極大陸及其周邊區域繁殖。其中，體型最大

的皇帝企鵝會在黑夜漫漫、寒風刺骨的隆冬產下企鵝蛋。其他企鵝如國王企鵝、跳岩企鵝（*Eudyptes chrysocome*）和黃眼企鵝（*Megadyptes antipodes*），則是在那些環繞南冰洋、多數位處於「四十度哮風帶」（Roaring Forties）的亞南極群島上據地而居。

在浩渺無邊的南冰洋上，亞南極群島星星點點散落其間，宛若鑲嵌在南極皇冠上的寶石。諸如坎貝爾（Campbell）、麥加里（Macquarie）、凱爾蓋朗（Kerguelen）、科羅捷特（Crozet）及赫德（Heard）等繁不及載的海上諸島，皆保留了南半球獨特的生態環境。

亞南極群島上所發現的複雜植物群落，以及諸如海燕（Hydrobatidae）、企鵝和信天翁等各種水鳥的巢居地，都使這些島嶼成為珍貴的庇護所。如今，捕殺海豹的血腥時代已然結束，紐西蘭、澳洲、法國以及南非等國都在嚴加保護這些脆弱的島嶼，其中多數已被指定為自然保護區，或由聯合國教科文組織（UNESCO）列為世界遺產（World Heritage Sites）。當前最為急迫的重要任務，是杜絕外來植物的入侵，並消滅所有殘存的外來有害動物，其中尤以貓和兔子為禍最甚。

位處強風吹襲的南極與亞南極交界處，為冰河重重覆蓋的南喬治亞島，也許是世上最漂亮的島嶼。南喬治亞島上山巒起伏，海濱綠草茵茵，白浪滔天的沙灘上，國王企鵝、海象和海狗（*Arctocephalus*）雲集喧囂。無數的海鳥在天空盤旋，尤以尊貴的漂泊信天翁（*Diomedea exulans*）和灰背信天翁（*Phoebetria palpebrata*）最是迷人。所有亞南極群島皆擁有複雜的人文歷史，從探險家、海豹捕獵者、捕鯨人，到近年來的科學家、藝術家和登山家都曾造訪此地。

南極大陸及亞南極群島雖然充滿野性，卻也有其溫和的一面。當天候寂靜無比，狂風平息的時刻雖然短暫卻令人欣喜，此時即便只有斜陽微明，亦倍感溫暖。當此時節欣賞峽灣之壯景，自是一大快事：山峰、冰河與冰山在海灣如鏡的水面上映出明晰的倒影，可謂靜美至極。悠長而流連的破曉或薄暮時分，更顯極地之美。此時，整片大地沐浴在柔和雅致的光彩中，映照出冰雪和岩石上眩目的紋理。

在今日人口過增、動植物乃至整個生態系瀕臨滅絕的世界中，南極洲依然指引著希望之光，揭示了人類守護一整片大陸的能力。誠如人們常說的：「如果我們連南極都保護不了，那麼我們還能夠拯救什麼？」所幸，人類已經認識到南極無可取代的原始價值，並加以珍惜其原初面貌。畢竟，在如此嘈雜紛擾、愈加難覓平和的世界中，南極洲能給予世間的最大恩賜，便是寧靜。

頁18-19：南喬治亞島黃金港邊（Gold Harbour），巴布亞企鵝從一頭海象身邊搖擺擺地走向海灘，躍入浪濤之中。

頁20-21：南喬治亞的信天翁島（Albatross Island）上，年輕的漂泊信天翁在一片蓊鬱草叢中張開巨大的翅膀求愛。

頁22-23：斯科細亞海（Scotia Sea）上，南極企鵝在一座漂移的巨型桌狀冰山下，藉一塊岩礁搭起了順風車。

頁24-25：雲霧自高迪爾島（Goudier Island）上的山峰升起。這樣的高峰是南極半島山地的典型景致。

南美洲

南喬治亞島

福克蘭
群島

南昔得蘭
群島

奇幻島

南極半島

太平洋

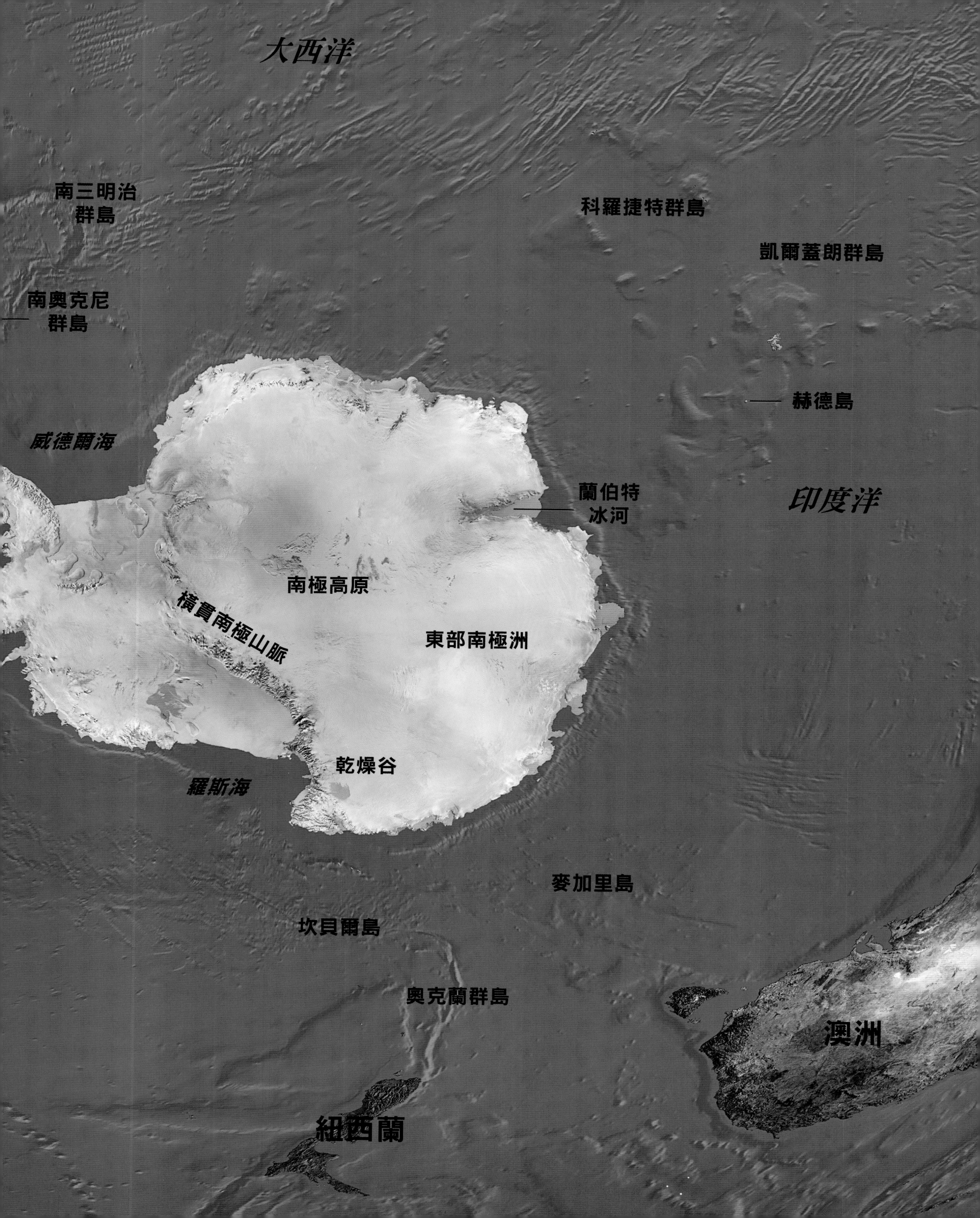

大西洋

南三明治
群島

科羅捷特群島

凱爾蓋朗群島

南奧克尼
群島

赫德島

威德爾海

印度洋

蘭伯特
冰河

南極高原

橫貫南極山脈

東部南極洲

乾燥谷

羅斯海

麥加里島

坎貝爾島

奧克蘭群島

澳洲

紐西蘭

南極高原
The Polar Plateau

南極洲內陸幅員遼闊浩大，超乎想像。它可區分為兩個區域——壯闊高拔的南極東部冰原（East Antarctic Ice Sheet），以及面積較小、地勢較低的南極西部冰原（West Antarctic Ice Sheet）。這兩者共同組成了眾所周知的南極高原。這片冰之荒漠面積廣達1,400萬平方公里，其中心靠近南緯90度的南極點——勿與南磁極（South Magnetic Pole）或南地磁極（South Geomagnetic Pole）相混淆。瞭解當今氣候變化的機制及速度是至關重要的，而人們在南極高原各處進行的鑽探計畫所取得的冰蕊，不僅詳細記錄了地球過去的氣候和其他自然事件（例如火山噴發），也記錄了人類的活動，包括北半球的核爆以及空氣中的污染源。南極高原是世界上最為嚴酷的自然環境之一，也可能是最後一塊真正的洪荒秘境，因為這裡幾乎沒有人類常居於此。

南極高原的平均高度約2,300公尺，不過記錄的最大高度達5,000公尺。這片冰之荒漠，每年降下乾燥雪花的水當量（water equivalent，指當積雪完全融化後，所得到的水形成水層的垂直深度）僅有2公分，不過它卻儲存了全世界75％的淡水儲量。由於此地事實上從未有融化的水，因此這些少量的降雪只會四處飄散而後慢慢累積。漸漸地，雪層變成了冰，而當厚度產生的壓力開始作用，冰體就會如同融化的塑膠一般，由於重力的驅使而緩緩流向海岸。從南極高原一路順暢地直抵東部南極洲海岸，冰體便形成了冰河——例如雄偉的蘭伯特（Lambert）冰河，是世上最大的冰河。

蘭伯特冰河是如此廣闊、強大而流動迅速，因而在入海口形成漂浮海上的阿美里冰棚（Amery Ice Shelf），也就是眾多冰山的主要發源地。在相對的另一面，將南極大陸切分為二的橫貫南極山脈形成了天然屏障，阻斷了大量流冰，在高達4,000公尺

的山脈背後擋住了去路。而在流冰能夠突圍的缺口處，冰河則緩緩流向出海口，聚結成龐大的羅斯冰棚（Ross Ice Shelf）。

由於南極點高度為海拔2,835公尺，因此南極洲成為地球上平均海拔最高的大陸。然而，這可不是南極高原最高的區域，因為高原上分佈著一些高大的冰穹，其中位於東部南極洲（大約南緯80度）中心附近的一座，海拔高度超過了4,000公尺。雖然南極西部冰原的高度低了許多，但海拔高度亦達2,000公尺。在冰體從這些高聳的冰穹流向內陸地帶時，便會有冰流形成，每一道冰流都有其獨特的流動模式（目前已較為人熟知）。

南極高原是狂風肆虐的荒涼之地，凜冽刺骨的自然環境無情而嚴酷地考驗著人類所做的任何努力。在此，人類一再被逼迫至忍受能耐的最後臨界點。事實上，這裡並沒有任何動物棲息，頂多偶爾能看到賊鷗（Stercorarius maccormicki）從天空中掠過。南極高原空氣濕度幾近於零，這裡飄落的些許雪花也是乾燥而纖細，像滑石粉一般。雪花不會融化，只是被風吹散，直到它飄落至非常密實而隆起、稱為「雪脊」的壟脊上。雪脊表面的波浪常硬如混凝土，能夠輕易將飛機的滑雪板或雪地牽引車的重型履帶劃破。在南極高原常年低溫的環境下做例行的機械維修或建築維護，可說是艱苦至極、令人挫折且可能送命的可怕體驗。

美國的阿曼森史考特南極站（Amundsen-Scott South Pole Station）夏季的平均溫度低至刺骨的攝氏零下21度；到了冬天，溫度更跌至令人快失去知覺的攝氏零下61度。由於南極點位於高原的中央，幾乎接收不到低角度陽光的溫暖，因此其溫度比位於海平面且有北冰洋（Arctic Ocean）作為貯熱器的北極要低上許多。雖然南半球的夏季有數月陽光持續普照，但從三月底至九月末，太陽則會完

頁26-27：艾爾沃斯山脈擁有南極洲最高的山峰，它們聳立於南極高原上，分佈在南極半島基部與南極點之間的南緯80度區。

頁27上：南極高原乃是高度達5,000公尺的廣大冰原。高原上某些地區，如本圖的昆莫德地（Queen Maud Land），可見到被稱作「冰原島」（Nunataks）的岩峰自冰原表層高高隆起。

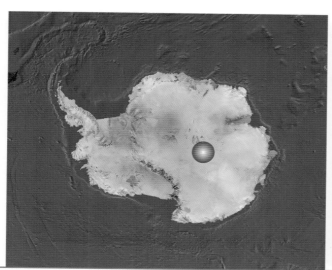

全消逝。

不過，南極點並非南極洲最冷的地方。這項不太討喜的紀錄保留給了俄國的沃斯托克站（Vostok Station）。它位於東部南極洲海拔3,488公尺處，其最低溫紀錄達到要命的攝氏零下89度。在1987年七月間，此地的溫度未曾高過攝氏零下72度。沃斯托克站的迷人之處，在於其鄰近「難近冰極」（Pole of Inaccessibility，亦即離海岸線最遠的地方）。自從1956年第三屆國際地球物理年期間，蘇聯科學家建立了沃斯托克站以來，俄國及後來跟進的美國、法國科學家們，在這裡完成了極具科研價值的完整記錄。沃斯托克站也鄰近南地磁極，也就是南半球的地球磁場（就像偶極的磁鐵棒一般）與地表交會處。這使得該站成為研究磁場改變的絕佳地點之一。由於磁場的不斷變化，加上地球並非是完美的偶極磁體，因此南地磁極並不會與其「徘徊不定」的表親──南磁極──巧遇。南磁極目前位於南極圈（Antarctic Circle）外阿德利蘭（Adélie Land）沿岸不遠的海洋上。

沃斯托克站坐落於3,700公尺厚的冰層之上。正由於如此大的壓力作用下，才使得冰層表面之下數千公尺的底岩附近，能夠產生一片液態淡水湖。沃斯托克湖（Lake Vostok）發現於1996年，可能是南極洲最大的冰下湖，一般認為共有約70個冰下湖，散佈於東部南極洲的冰層之下。儘管人們急欲鑽探冰層，並研究這片14,000平方公里的古老水域，進而探索那些可能存在的未知生物，但對於結果可能導致的污染，仍然存在不少爭議。目前，俄國人的鑽探行為已被勸止，在穿透湖面之前130公尺處停了下來。即便如此，藉由對沃斯托克站地下冰蕊中的氧及其他氣體同位素的研究，科學家已能夠回溯過去42萬年間所歷經的四個冰河期。

人們同時發現到，南極高原是天然的隕石儲藏庫，這些隕石雨週期性地從外太空墜落南極洲。隕石一般會均勻墜落到地球的表面，其中大部份落入海裡、被埋入土中，或散落於其他的岩石之間。然而在南極洲，掉落到南極高原上的隕石會逐漸被積雪掩埋，並嵌入冰層裡。隨著冰體的移動，隕石會被載運到其他地方。

在流冰被山脈阻攔的地區，一旦隕石周圍的冰開始剝落，它們就能逐漸在地表上重見天日。在過去的30年間，人們發現有數以千計的隕石聚集在一塊，散落在南極高原邊界各處的冰層表面。

因為海拔極高，空氣純淨且相對穩定，加上漫長黑暗的冬季，使得南極高原成為研究天文學及其他高層大氣物理學──包括引人入勝的南極光（Aurora Australis）之研究──的絕佳地點。

美國已第三次重建了阿曼森史考特南極站，以持續進行研究。雖然在南緯90度的地方生活、工作的費用高昂，但比起在太空船上做等量的工作而言，這裡仍便宜許多。其他像是位於南緯75度、鄰近東部南極洲冰穹C的康科第亞站（Concordia Station，由義大利／法國共用）等內陸站，也同樣在高層大氣研究計畫中取得令人振奮的進展。2007至2008年的第四屆國際極地年（International Polar Year）期間，人們在兩極地區同時實行了研究（前三次分別是1882-1883年、1932-1933年，以及1957-1958年）。

放眼二十一世紀，南極高原仍將是最具挑戰性卻又最為珍貴的天然實驗室之一。它打開了一扇窗，讓我們看到了過去，同時也希望它能教導我們今後如何善待地球。從太空俯視，南極高原像奇幻而耀眼的燈塔，兀自散發著光芒。地球，這顆傳說中的水行星，其實也是一顆冰之行星。

頁28-29：南極高原是由乾燥異常的冰雪形成的荒漠，地勢高峻、疾風肆虐。此地年平均降雪量只有2公分。落雪在暴風吹打下，形成非常堅硬的壟脊，稱為「雪脊」（sastrugi）。

頁30-31：五月到十月黑夜漫漫的長冬月份，時常可以見到南極光，它是由高速移動的電離氣體所形成、壯麗絕美的光之舞。新建的美國阿曼森史考特科學基地，坐落於海拔高度2,835公尺的南極點上。

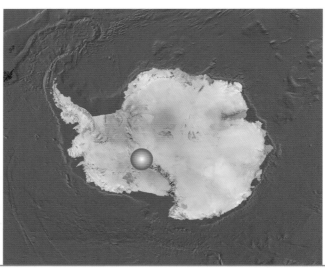

頁32上：考利冰河（Calley Glacier）四周的陡峭山峰，是橫貫南極山脈的典型代表。例如南維多利亞地皇家學會山脈（Royal Society Range）的某些山峰，巍然高聳達4,000公尺。

頁32-33：俯瞰位於阿伯特王子山脈（Prince Albert Mountains）佈滿裂隙的坎貝爾冰河（Campbell Glacier）。以橫貫南極山脈的幅員觀之，坎貝爾只能算是中型的冰河。

橫貫南極山脈
The Transantarctic Mountains

縱觀南極大陸，最為高聳的地貌之一便是橫貫南極山脈。它從羅斯海岸的北維多利亞地（North Victoria Land）尖端升起，一路向南綿延3,000公里之遙。參差起伏的砂岩、粗玄岩及花崗岩諸峰連綿無絕，直抵南極點外600公里處，與南極高原崛起的冰蓋交會。事實上，就在擁有南極洲最高峰（高達4,897公尺的文森山）的艾爾沃斯山脈接近南極半島山脈起點之處，橫貫南極山脈亦出現於南極大陸的威德爾海岸。橫貫南極山脈將南極大陸一分為二，即遼闊的南極東部冰原，以及面積較小、與南極半島毗鄰的南極西部冰原。

雖然跟喜馬拉雅山或安地斯山相比，橫貫南極山脈算不上高峻，但是羅斯海沿岸的山峰高達4,000公尺，且其宏偉壯美更不亞於世上任何一座高山。由於崛起自風暴肆虐、滿佈冰山的海洋，使得明托山（Minto）和赫歇耳山（Herschel）之高拔起伏更加令人心醉神迷。在這樣的崇山峻嶺中遭遇風暴會令人懾服。山頂上的低溫經常處於攝氏零下40度，會造成嚴重凍傷。尤其重要的是，吞噬這些山脈的廣闊冰雪，對來此冒險的人而言充滿危機。守護群山的邊陲荒涼氣息流露出獨特的魅力，四海之內無與倫比。

繼續向南探索，皇家學會山脈上雄偉的稜堡隱約閃現在與羅斯島（Ross Island）遙相對望的午夜陽光中。幾為皇家學會山脈陰影所遮蔽的乾燥谷，其月球表面般的地貌，算得上是南極大陸最怪誕的景觀了。皇家學會山脈的最高峰是海拔4,012公尺的利斯特山（Lister）。其他山勢較低、人跡罕至的哈金茲山（Huggins）、薩連特山（Salient）、胡克山（Hooker）與洛克山（Rucker）等諸峰，則沿著山脊參差綿延。鄰近尚有莫寧山（Morning，2,723公尺）和發現山（Discovery，2,680公尺）兩座古老的休眠火山坐落其間。這幾座300萬年高齡的休眠火山，屹立不搖地護衛著羅斯冰棚。這塊延伸至地平線最南端、廣闊平坦且厚達600公尺的漂浮冰棚，是由冰河的流冰所形成。它們自南極高原流出，途經橫貫南極山脈，朝大海集結成為冰棚。跨過麥克默多灣（McMurdo Sound），在羅斯島的背面，坐落著一座擁有100萬年歷史的活火山，即標高3,795公尺的伊里布斯峰（Erebus）。它造就了複雜而奇妙的地質形成史，以其較為年輕的火山岩，與橫貫南極山脈的古老岩石並列橫陳。橫貫南極山脈南麓最高的三座山峰為米勒山（Miller，4,160公尺）、馬坎峰（Markham，4,350公尺）及刻克帕垂克山（Kirkpatrick，4,528公尺）。雖已有人登頂，但來自紐西蘭和美國南極科研隊的地質學家卻鮮少造訪這些山峰。在遍佈於橫貫南極山脈水平分層的砂岩層內，人們發現了貝殼、樹根、舌葉蕨（Glossopteris）葉及花粉的化石。這證明了較早的時期裡，超級大陸──岡瓦納大陸（Gondwanaland）──曾經歷溫暖的氣候。

流經橫貫南極山脈的冰河中，最有名的是比爾德摩（Beardmore）冰河。1908至1909年間，沙克爾頓（Ernest Shackleton）帶領的英國南極探險隊發現了這條冰河，並證實它是前往南極高原的必然途徑，也是通往南極點的關隘。史考特船長（Robert Falcon Scott）在1911至1912年間所率領的探險隊命運多舛，他們同樣走了這條路徑；更值得一提的是，他們曾嘗試利用小馬拖拉載重的雪橇，循著冰河充滿裂隙且冰封的斜坡向上前行。其他諸如達爾文（Darwin）、斯凱爾頓（Skelton）、沙克爾頓（Shackleton）、伯德（Byrd）、寧羅（Nimrod）及亞塞海伯格（Axel Heiberg）等大型冰河（1911年阿曼森Roald Amundsen前往南極之路徑），皆運送極大量的冰進入羅斯冰棚。

頁 34-35：在橫貫南極山脈一座覆滿冰雪的典型山峰上，登山者沿著峰頂的山脊前行。自 1960 年代初以來，紐西蘭和美國的田野研究團體，已經攀登過這裡的眾多山峰，將其作為科研工作不可或缺的一環。

頁36：特拉諾瓦灣（Terra Nova Bay）後方的橫貫南極山脈諸峰拔地而起，高達3,000公尺。在這些山峰背後，大型冰河自南極高原一路流向羅斯海。特拉諾瓦灣即是義大利南極研究計畫的夏季工作站所在。

頁37：基芬山（Mt. Kiffin）毗鄰比爾德摩冰河的發源地，位於橫貫南極山脈的中央，是一座引人注目的岩石巨塔。

頁38-39：在東北維多利亞地，午夜太陽照亮了位於阿德莫拉提山脈（Admiralty Range）的赫歇耳山脊。

頁40-41：在著名的乾燥谷內，一個孤獨的身影在阿斯加德山脈（Asgard range）的冰河襯托下更顯渺小。乾燥谷位於南維多利亞地橫貫南極山脈的中心地帶。

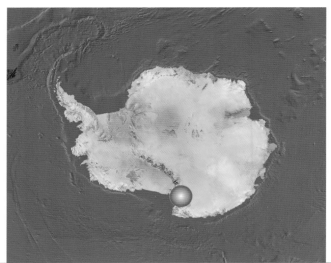

頁42上：俯瞰泰勒乾燥谷（Taylor Dry Valley）內的芬格山（Finger Mountain），黑色的玄武岩夾雜在層層的乳黃色比肯砂岩（Beacon sandstone）中。

頁42-43：俯瞰泰勒乾燥谷的較低處。這裡距離羅斯海的麥克默多灣很近，聯邦（Commonwealth）冰河緩慢流入冰雪覆蓋的山谷基底。乾燥谷通常不會被白雪所覆蓋，因為剛剛飄落的雪花很快就消逝在乾燥的空氣中。冰河左方是堅冰壓頂的弗里克塞爾湖。

乾燥谷
The Dry Valleys

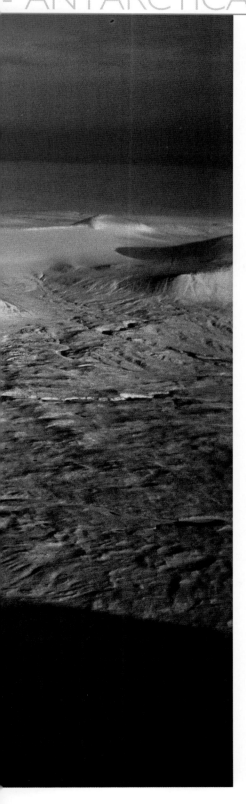

在橫貫南極山脈的中心，隱藏著南極洲最為突出的一處美景，即南維多利亞地的乾燥谷。南極大陸有98％的面積被厚重的冰層所覆蓋，至於剩餘的2％，主要是這些靠近羅斯海的著名山谷，以及東部南極洲較鮮為人知的班格（Bunger）、拉斯曼（Larseman）及維斯特福爾得（Vestfold）等丘陵地帶。這個山谷地區常被描述成「綠洲」，因為它們在過去的1,400萬年間幾乎是無冰之地，而且看上去與四周遼闊的冰漠完全不同。南極冰層的刺眼光芒讓人感到殘酷而無情，而乾燥谷卻能讓這種感覺獲得愉悅的抒解。同樣地，那些殘留的坍塌冰河，與蜂巢狀的岩峰、寬廣的碎石坡及土壤因凍脹形成的多邊鑲嵌紋樣，亦大相徑庭。仲夏時節，有短短的數週時間，這裡甚至會有小河形成。許多造訪者會被乾燥谷內絢麗的陽光深深打動，感到平和與安詳。

乾燥谷的年降雪量不超過100 mm，由於空氣過於乾燥，幾乎所有降雪都會轉化為水蒸氣，直接被吸收回大氣中。這些山谷具有猶如月球表面般的乾燥外貌。能在這裡生存的少數細菌、地衣和藻類並非隨處可見，它們只存在於隱蔽的小生態（niche）環境中。那些從乾燥谷的山坡上緩緩滑落、基底乾凝的冰河，看似真的及時凍結一般。夏季裡自冰河前鋒融化的少量冰水，滋潤了數座冰封了大半年的湖泊。

乾燥谷長久以來被不斷隆起的橫貫南極山脈所形塑，有如一座水壩般的屏障，阻卻了來自它們背後高達2,500公尺南極高原的冰流。由於空氣密度的驅動，下坡風自高原襲向山谷，橫掃途中遭遇的一切，使沿途景觀變得全然乾燥，無情的侵蝕力將岩石雕琢成各種奇異造型，是為風稜石。雖然風勢刺骨嚴寒，仍偶有片刻純然靜穆，山谷可以獲得全然的寧靜。雖然在盛夏時節，氣溫會攀升到溫和怡人的攝氏10度，但到了四至九月間漫長黑暗的嚴冬裡，氣溫會急轉直下，降至凜冽刺骨的攝氏零下50度低溫。

1903年，由史考特船長率領的雪橇隊發現了乾燥谷，此地讓早期探險者為之著迷，這不僅是因為它的壯闊美景，更因為它能讓地質學家更易於接近暴露的岩層。在1950年代末的國際地球物理年期間，人們在山谷中進行更為詳盡的科學探索，這股熱潮至今未見衰退。這有部份是因為此地靠近紐西蘭與美國位於羅斯島上的基地，它們與乾燥谷隔著麥克默多灣，大概有80公里遠。地質學家目前對砂岩的隆起和粗粒玄武岩的形成進行了詳盡的研究，仔細分析了低階煤炭的沉積物，並收集了各類化石，尤其是夫雷明山（Mt. Fleming）的石化樹林。生物學家亦為那些石內地衣所著迷，它們在某些岩石表面下的首層結晶層中勉力求生。他們也研究了棲身於湖底淤泥厚墊上的藍綠藻。最值得一提的是，化學家們發現了「南極石」（antarcticite），這種獨特的碳酸鹽結晶，能使唐胡安池（Don Juan Pond）等小型湖泊免於結冰。

乾燥谷主要包含三個谷地，即東西向的泰勒谷（Taylor Valley）、賴特谷（Wright Valley）和維多利亞谷（Victoria Valley）。它們彼此平行，並且被阿斯加德山脈和奧林帕斯山脈（Olympus Range）的塔峰所隔開。泰勒谷（以史考特探險隊中的地質學家格里菲斯‧泰勒Griffith Taylor來命名）擁有山谷區最廣闊的冰河。在泰勒谷的最西端，南極高原的冰突破山脈的阻擋，冰河順著山谷傾瀉而下。魁偉的山峰前面，沉靜而時常被研究的邦尼湖（Lake Bonney），在泰勒谷口躺臥著，而面積較小的弗里克塞爾湖（Fryxell Lake）和霍爾湖（Hore Lake）離大海更近。在那裡，空曠的岩石山谷延伸而開闊。

The Dry Valleys

在毗鄰的賴特谷中（以史考特隊員中另一位地質學家查爾斯·賴特命名），強勁的阿德榮塞克斯冰瀑（Airdevronsix Icefall）往山谷前端傾瀉，在流經極短距離後，遽然消失於拉伯林斯（Labyrinth）的入口。這裡是由風化的紅色岩石形成的小型山谷群，錯綜複雜，宛若迷宮。在拉伯林斯的尾端，賴特谷再次豁然開朗，盡頭處是坐落於廣闊神秘的萬達湖（Lake Vanda）上方、燦若寶石的唐胡安池。

萬達湖的冰層表面呈現出蕾絲般精緻的網狀裂紋，它隱沒在數公尺厚的藍綠色冰層內。覆蓋的冰層如同一片巨大的放大鏡，不斷吸收、匯聚著太陽光。凝聚起來的能量溫暖了靜止的深層湖水，其溫度由湖面的攝氏0度增溫，至70公尺深的湖底處可達攝氏25度。只有在盛夏時節，在萬達湖周圍會形成一條狹長如壕溝般的開放水域。這條曇花一現的融水河名為奧尼克斯河（Onyx River），它神秘地在內陸流向賴特谷上方30公里處，然後注入萬達湖內。駭人景象迎面而來，大量威德爾海豹和食蟹海豹（*Lobodon carcinophagus*）的屍體遍布於萬達湖、賴特谷的低窪處以及周邊的山谷區。這些海豹不知何故離開麥克默多灣，在內陸迷失方向。由於氣候使然，此後數百年間，多數的海豹屍體被風乾而完整保存，脫水乾癟如木乃伊。

在賴特谷的北方則是擁有雅緻美景、號稱乾燥谷內最饒富詩意的維多利亞谷。這裡乏人問津，甚至連政府當局指派的科學家也鮮少探訪。部份原因乃由於嚴格的環境保護標準使然，因為這裡在《南極公約》系統中被載明為「特殊科學價值地點」（SSSI）和「特別保護區」（SPA）。野外實地工作者必須受到嚴格限制，他們要盡可能降低工作及居住對環境造成的衝擊，其中還包含使用過的廢棄物。在乾燥谷內，任何有輪子的交通工具都被禁止，只有靠直升機才能進到某些特定地點。雖然這邊溫暖宜人已眾所周知，尚且被形容為麻雀雖小五臟俱全，並可發展太陽能，算得上是精實的生活環境。紐西蘭人曾在湖邊建了一個小型夏季科研基地——萬達站（Vanda Station，1960年代到1970年代間就曾有三支紐西蘭科研隊曾在此過完整個寒冬）。然而，隨著80年代湖水水平面的上升，為配合環境策略遂將基地給撤掉了。

因為擁有豐富的野生物種及粗獷的山川景致，南喬治亞島被視為南極皇冠上的鑽石。儘管如此，位於維多利亞地的乾燥谷卻也不遑多讓。乾燥谷極端的自然氣候使它成為地球上至今最接近外太空星球環境的區域，尤其它那令人屏息的原始之美讓所有涉險而來的訪客由衷讚嘆！南極冰原氣候嚴酷、自然環境瞬息萬變，也許在某種程度上會將人類的過失及對環境的衝擊掩蓋掉，但這要是發生在乾燥谷，一切則難以彌補。

頁44-45：賴特谷內萬達湖的湖面冰層厚達3公尺。

頁45上左：比肯（Beacon）乾燥谷內，雪花粉塵洩露了冰河石流行進的蹤跡。

頁45上右：俯瞰橫貫南極山脈比肯乾燥谷內的冰河石流。

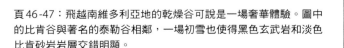

頁46-47：飛越南維多利亞地的乾燥谷可說是一場奢華體驗。圖中的比肯谷與著名的泰勒谷相鄰，一場初雪也使得黑色玄武岩和淡色比肯砂岩岩層交錯明顯。

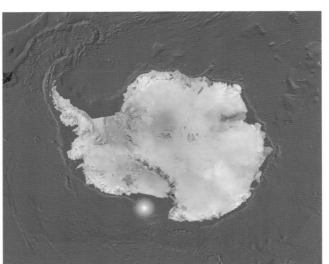

頁48上：一隻企鵝在受侵蝕的冰山上踽踽獨行。

頁48-49：一條小冰河流向南維多利亞地的海岸。

頁50-51：一座來自羅斯冰棚的大型平頂冰山崩解為數座小冰山，緩緩向北漂進了羅斯海域。

羅斯海
The Ross Sea Region

從紐西蘭出發續向南行，途經宏偉的亞南極群島（Subantarctic Islands）進入羅斯海域，這是一場南極洲之心的冒險之旅。羅斯海純粹自然之美，是南極景致中最動人的勝地之一。這片海域可以是全然的寧靜，溫暖和煦如仲夏時節，但轉瞬間卻可能成為南冰洋最為狂暴的惡水所在。在羅斯海經常會遇到滔天巨浪、厚重浮冰、激烈的暴風雪以及嚴酷的低溫，船員們可得時時戰戰兢兢、全神貫注。早期的海豹捕獵船在羅斯海北邊那些雜亂交錯、不規則狀的浮冰中穿梭，特別是當時的船舶都沒有引擎，現在看來簡直難以置信。

1842年，來自英國的詹姆斯·克拉克·羅斯（James Clark Ross）不顧海豹捕獵者的警告，率領兩條帆船從澳大利亞的荷巴特（Hobart）出發，成功地穿越重重浮冰，進入到羅斯海——此海正是以他的名字命名。

羅斯曾經到達過北極的北磁極（Arctic's North Magnetic Pole），因此下定決心要在地球的另一端——南極洲做相同的磁力觀測。但讓他倍感挫折的是，根據他的探測儀顯示，南磁極位在險峰（橫貫南極山脈）高聳的冰封海岸。如果羅斯現在依然在海上航行的話，他就可以直達南磁極了。因為這個「游走的極點」在過去170年間明顯地移動，而今就停留在南極東海岸，與法國迪蒙·迪維爾（Dumont d'Urville）科研站毗鄰。羅斯依照與橫貫南極山脈平行的路線向南航行，行經幾近南緯78度時便赫然發現有兩座火山擋住去路。他以考察船的名稱給這兩座山命名，分別是伊里布斯峰和恐怖山（Mt. Terror），而他們登陸的島嶼就是人們所熟知的羅斯島——紐西蘭的史考特基地（Scott Base）和美國的麥克默多站（McMurdo Station）都坐落於此。

顯然是座活火山的伊里布斯峰是一個極重要的地質發現。羅斯轉向東行，發現羅斯島連接一片廣大平坦的冰體並綿延至地平線——此即阻斷南行之路的羅斯冰棚。毫無疑問的，羅斯的發現有助於描繪出南極洲的輪廓，並且為往後60年代所謂「英雄時代」的陸上探險鋪路。從20世紀早期開始，史考特船長和歐內斯特·沙克爾頓船長便以羅斯島為出發點，不斷向南極點展開探險。

在羅斯海的最北端，首先映入眼簾的便是北維多利亞地的阿代爾角（Cape Adare）。這區域受狂風肆虐，長期處於巨浪撞擊和大塊冰體翻擾中。1898年，由挪威人卡斯滕斯·博克格雷溫克（Carstens Borchgrevink）率領的英國南極探險隊在阿代爾角的里德利海灘（Ridley Beach）建立了南極大陸第一座越冬科研站。阿代爾角是阿德利企鵝的棲所，約有十萬對的企鵝在這裡築巢繁育後代。牠們的巢分佈在裸露的岩石地面上，一直蔓延到羅伯遜灣（Robertson Bay）的岬角。

從阿代爾角向南極目遠眺，橫貫南極山脈竟綿延了有3,000公里長。它自南極點蜿蜒而過，然後逐漸隱沒在南極高原的盡頭，在靠近威德爾海和南極半島的地方，已經算是南極大陸的另一端了。橫貫南極山脈中的巨大冰河或滑入羅斯海，或向更遠處延展而形成羅斯冰棚。

明托山高達4,163公尺，傲視著橫貫南極山脈北部的阿德莫拉提山脈。附近的赫歇耳山雖然山勢較低，卻更顯雍容，有著硬鐵般的冰凍尖峰。莫布雷灣（Moubray Bay）和哈利特角（Cape Hallett）位於赫歇耳山的山腳下，是阿德利企鵝的另一處大型築巢地。哈利特角曾有美國和紐西蘭共同建立的聯合基地，最後因為一場大火而成為廢墟。如今這裡竟然難得地長出柔弱纖小的苔蘚，當然就被列為「特別保護區」了。

The Ross Sea Region

　　羅斯海地區有3處皇帝企鵝的主要繁殖地，即庫爾曼島（Coulman Island）、華盛頓角（Cape Washington）、克羅澤角（Cape Crozier）。庫爾曼島在哈利特角南方100海浬處，華盛頓角位於羅斯海岸中段、活火山墨爾本山（Mt. Melbourne）的山腳下，克羅澤角遠在羅斯島的最東邊。文獻詳載著皇帝企鵝與眾不同的生命週期以及為人們所津津樂道、關於堅忍守諾的傳奇──雄企鵝會將企鵝蛋

放在自己的腳爪上慢慢孵化，並以這種堅忍的姿態度過漫漫的黑暗嚴冬。

　　皇帝企鵝不築巢，只簡單地將蛋放在雪地上。牠們表現得像個有效率的團隊，上百隻蜷縮成一團，形成一道防風牆，以此來取暖並保護企鵝蛋及孵育中的企鵝寶寶。此時雌企鵝在海上捕食魚和磷蝦。春天一到，雌企鵝便返回棲息地代替早已憔悴不堪的雄企鵝接手照顧幼子。企鵝世代的繁衍往往命懸一線，因為所有的新生寶寶只要一場橫掃海冰的冬日風雪就能盡數毀滅殆盡。皇帝企鵝喇叭般的叫聲十分獨特，在南極的曠野總是不絕於耳。

頁52-53：一群阿德利企鵝從冰山躍入羅斯海。

頁53右：阿德利企鵝雖然在水中快如蛟龍，但每過一段時間還是得要跳出水面換氣。

The Ross
Sea Region

頁 54：冬日的海冰上，一隻皇帝企鵝寶寶剛被孵化。由企鵝爸爸餵養並給予溫暖，等待企鵝媽媽從羅斯海帶回更多食物。

頁 55：羅斯海沿岸分佈著幾處皇帝企鵝的營巢地，分別位於庫爾曼島的羅熱角（Cape Roget）、墨爾本山腳下及克羅澤角。

頁 56-57：一隻成長快速的皇帝企鵝在父母身邊嗷嗷待哺，希望得到更多的魷魚（Teuthida）和磷蝦。

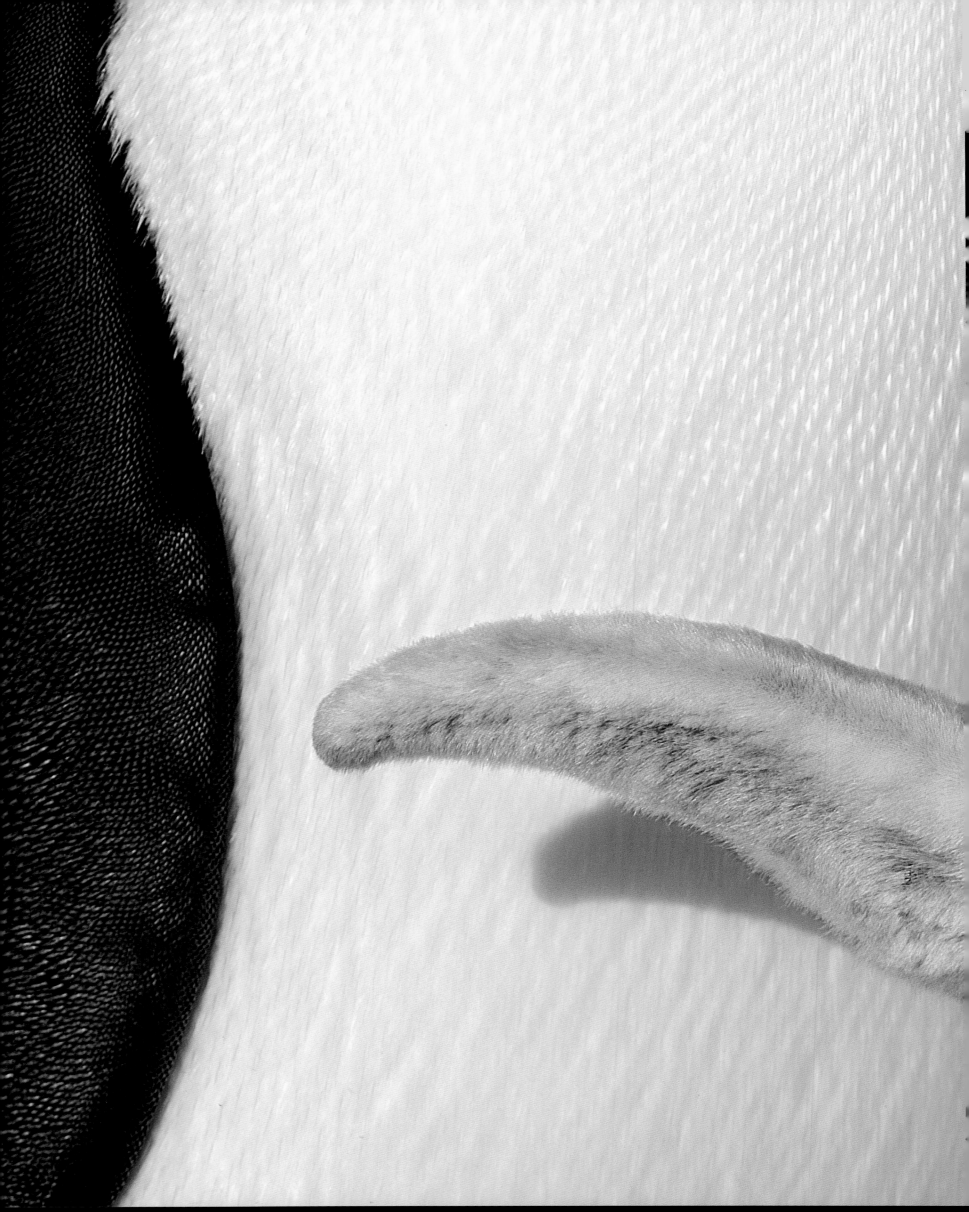

儘管堅韌矮小的阿德利企鵝完全在夏季繁殖，但牠的生命週期同樣值得注目。像所有的企鵝一樣，阿德利企鵝是貨真價實的海鳥，牠們只在夏季到岸上繁育後代。阿德利企鵝成長的棲息地，分佈於羅斯海南岸及羅斯島北鄰的富蘭克林島（Franklin Island）。南極大陸上最南端的阿德利企鵝棲息地，位於羅斯島上的羅伊茲角（Cape Royds，南緯77度），毗鄰沙克爾頓於1908至1909年建立探險基

地的位址。

在十月刺骨的寒春時節，阿德利企鵝開始自海中現身，整個冬季牠們在浮冰上休憩，靠著羅斯海中大量的磷蝦維生。從十月中旬到月末，可以見到牠們朝羅伊茲角魚貫而過。牠們以腹部著地掠過數百公里的冰面，尋找並佔據去年以卵石築巢的舊址。牠們會很快找到去年的配偶，然後開始改造新家（通常會從鄰居那裡偷鵝卵石來築巢）、交配並孵蛋。面對從南方橫掃麥克默多灣的猛烈暴風，小企鵝顯得十分脆弱。一旦倖存下來的小企鵝慢慢長大，便會變得饑餓難耐、食欲旺盛，於是企鵝爸媽便四處奔波，不斷給孩子尋找食物。只要碰巧遇到海冰碎裂，那麼企鵝經由開放水域返鄉的旅程會更加順暢些。到了二月末，最後一批成年企鵝也離開了羅伊茲角；那些羽翼未豐、無法在海上度冬的小企鵝，極有可能因此而喪命。

頁58左：阿德利企鵝們正要返回羅斯海覓食。牠們聚居在羅斯島的羅伊茲角。

頁58-59：一股強勁的南風在羅斯冰棚上方呼嘯而過，將漂浮在麥克默多灣的浮冰往北推送至羅斯海中心。

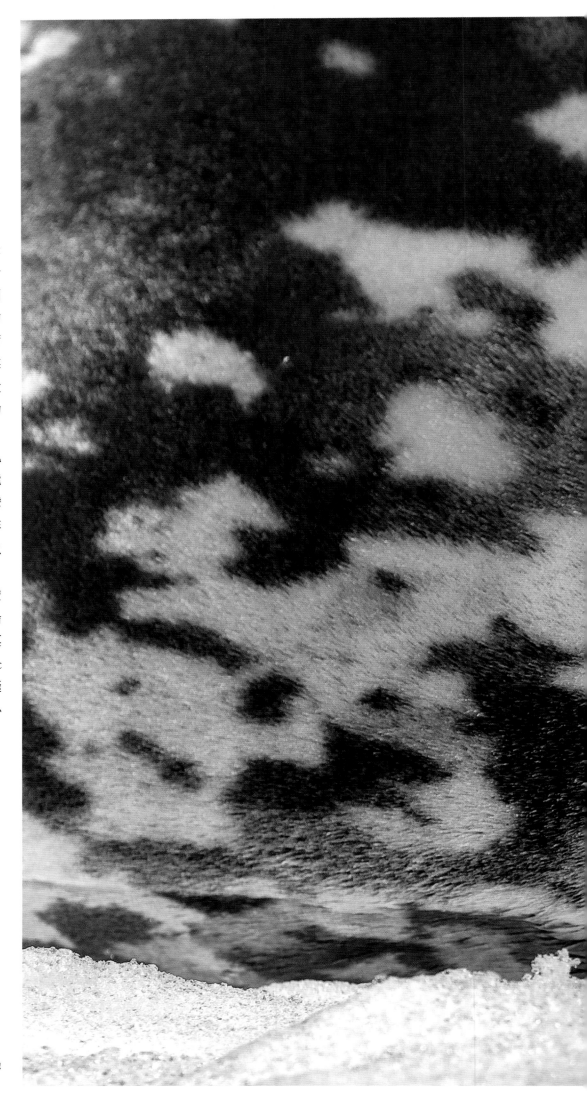

在羅斯海域棲息的動物中，最引人矚目的應該是生活在地球最南端的哺乳動物：威德爾海豹。由於威德爾海豹會在羅斯島周邊及羅斯海沿岸度過整個寒冬，因此牠們必須用強有力的牙齒啃咬海冰上的洞口邊緣，以穿過海冰並保持呼吸孔通暢。威德爾海豹會在十月上旬生下毛皮柔滑亮麗的灰色小海豹，此時正是南極大陸全年最寒冷的時節（南極大陸此區域海岸記錄中的最低溫度發生在羅斯島上的紐西蘭史考特科學基地，低達攝氏零下54度）。出生後的海豹寶寶生長極快，吮吸著富含脂肪的乳汁。成年的威德爾海豹具有讓肺部收縮的驚人能力，能將氧氣儲存在血液中，以下潛至麥克默多灣深達600公尺處。牠們能夠在完全漆黑的冰下搜尋並捕食主要獵物——即重約50至80公斤的底棲魚類莫森鱈魚（*Dissostichus mawsoni*）。

羅斯海長久以來都是日本捕鯨船追捕成群小鬚鯨（*Balaenoptera acutorostrata*）的獵場。而今捕魚船隊會在每年夏季南下，捕捉那些更有利可圖的莫森鱈魚，也就是人們熟知的南極美露鱈（Antarctic toothfish）。該如何適度管理這些漁場，對《南極公約》的簽署國而言是一項考驗，尤其是領土中心距離最近、能自由通行羅斯海的紐西蘭和澳洲。

頁60-61：威德爾海豹是居住在南極大陸最南端的哺乳動物。大地回春時，海豹媽媽會在南緯77度羅斯島附近的海冰上生產。

上：一隻南極小鬚鯨從麥克默多灣的海冰缺口浮出水面。小鬚鯨通常會成群遊弋，尋找浮冰中的浮游生物。

頁62-63：虎鯨（*Orcinus orca*）是南極洲最強悍的肉食性動物，主要以獵食海豹或企鵝為主。一群虎鯨迅速地游過羅斯海南方麥克默多灣中的海冰。

頁64-65：一艘破冰船在麥克默多灣內穿越大塊浮冰，開闢出一條航道。此刻，它正朝著羅斯島上的美國－紐西蘭科研基地前進。

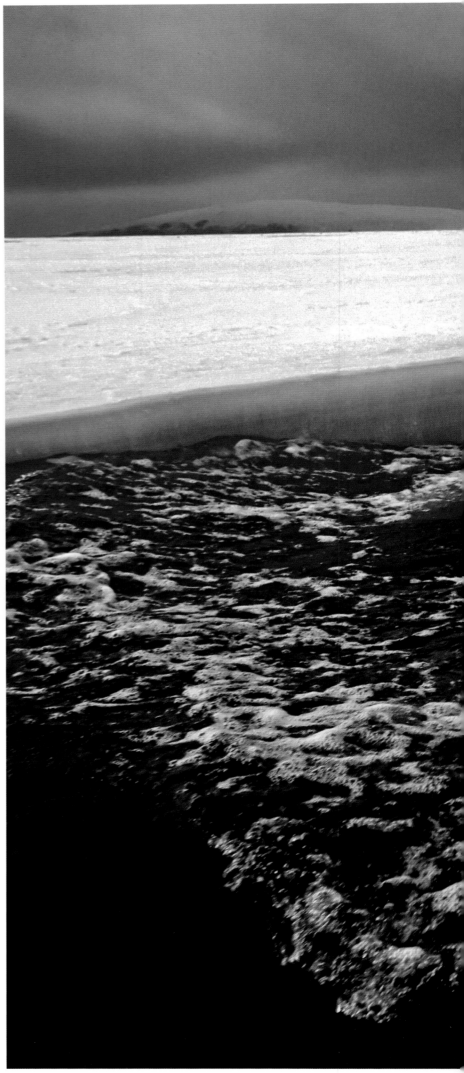

東部南極洲
East Antarctica

頁66-67：破曉時分，如雲層般的薄霧升起，散落在蘭伯特冰河邊緣。蘭伯特冰河是世界上最大的冰河，寬約100公里，長約400公里。

頁67上：幾近月圓時分，月亮悄然爬上東部南極洲海岸邊的海上冰山。

頁67下：一隻皇帝企鵝孤獨地穿過浮冰，走向家園。

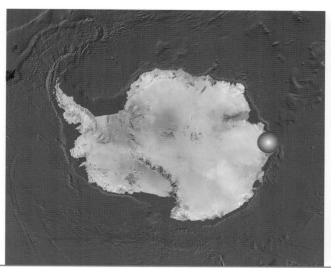

ANTARCTICA - ANTARCTICA - ANTARCTICA - ANTARCT

南極大陸絕大多數偏遠的海岸線，對人類而言都是與世隔絕的。它連接馬里伯地（Marie Byrd Land）與艾爾沃斯地（Ellsworth Land），並沿著南極西部冰原的邊際展開。然而，再也找不到像東部南極洲海岸這般險惡、無人知曉且人跡罕至的絕境。這片白雪靄靄、被南極東部冰原覆蓋其上的景致，綿延長達6,000公里，常被稱作「南極深處」，或被戲稱為「遙遠天際」。東部南極洲是南極大陸沿海最險惡、也許是最嚴寒，且狂風絕對最為肆虐的地區。

東部南極洲起自羅斯海邊緣北維多利亞地的阿代爾角，版圖橫掃過澳洲及南印度洋南方，直抵威德爾海入口的昆莫德地。這條海岸線如此綿長，那些十九世紀末至二十世紀初最早來此的探險家和科學家，不得不將這些區域分別命名，以便能清楚描述並繪製地圖。從諸如奧茨地（Oates Land）、阿德利蘭、威克斯地（Wilkes Land）、威廉二世地（Wilhelm II Land）至昆莫德地等地名，便可看出當時的英國人、澳洲人、美國人、德國人以及挪威人，均參與了這段所謂的英雄時代。

沿著這片海岸展開的航行和探險，所構成的錯綜複雜的南極歷史，雖然不是我們此篇關注的重點，不過在今日，去瞭解在東部南極洲運作的眾多科研基地，是頗為重要的。這些國家主要有法國、澳洲、印度、中國、南非、德國、日本、挪威以及俄國。然而要在此維持長年累月的研究，背後非得要有複雜且經費龐大的供應系統支撐不可。每年冰區加強型船舶及配備雪橇的飛機都必須與南大洋變幻莫測的天候交手，以便能將燃料及物資運往沿岸各地。而這些補給也只能在夏季短短數週、海冰融化的短暫空檔中進行。

雖然《南極公約》嚴禁各國在南極做任何領土宣告，但澳洲及挪威早在歷史上將東部南極洲大部份土地劃為己有，法國也宣稱自阿德利蘭往內陸延伸至南極點的一小塊圓形區域為其領土。

沙克爾頓最先率眾於1908年至1909年間抵達羅斯島時，南磁極是位處喬治五世地（George V Land）的海岸。然而，因為地球兩端的磁極屬於「徘徊不定」的狀態，南磁極目前已移到了法國迪蒙·迪維爾站附近的海域。

67

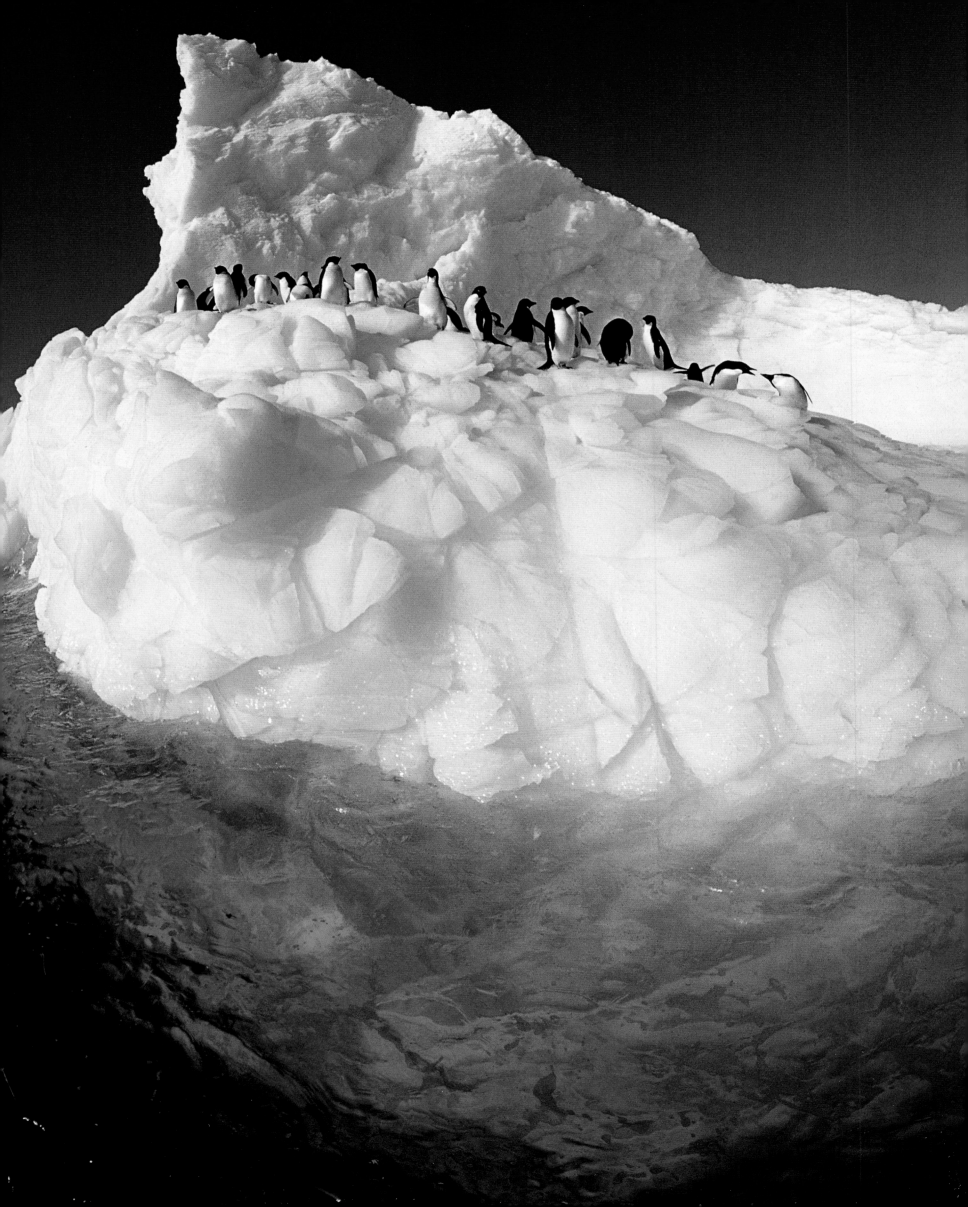

頁68-69：從阿美里冰棚崩解而下的桌狀冰山，困滯在東部南極洲海冰的邊緣。當它一路向北朝著澳洲漂移時，便逐漸融解。

頁70：在阿德利蘭沿岸的海面上，阿德利企鵝乘著融蝕的小冰山四下遊蕩。

頁71：東部南極洲的風車群島（Windmill Islands）中，冰封的社利島（Shirley Island）海岸在子夜陽光下隱約閃現。

頁72-73：皇帝企鵝水花四濺地滑過一片冰泊，其他成鳥則站在海冰上觀望。在偏遠的東部南極洲沿岸，有許多皇帝企鵝的群落。

頁73右：一隻皇帝企鵝在棲地附近，將自己從水中推滑到海冰上。

頁74-75：皇帝企鵝一路破浪搜尋，只為了給巢中日漸長大的寶寶帶回在南大洋獵捕的磷蝦、小魚和魷魚。

East Antarctica

東部南極洲最令人難忘的景觀之一就是世界規模最大的蘭伯特冰河。它起自位於麥克羅伯特森地（Mac. Robertson Land）的南極高原，約有100萬平方公里的冰體從這裡傾瀉而下，穿過查爾斯王子山（Prince Charles Mountains）邊緣，形成龐大的阿美里冰棚，最後與海接軌。蘭伯特冰河於1947年進行航空繪圖飛行時被發現，當時河面寬約100公里，長約400公里（與阿美里冰棚融合後再延伸了300公里）。冰河厚達2,500公尺，某些區域的冰體則以每年1,200公尺的速度流動，簡直難以想像。隨著冰體流動的持續及壓力累積，會有巨大的桌狀冰山從阿美里冰棚上轟然斷落，隨即漂入澳洲戴維斯站（Davis Station）附近的普里茲灣（Prydz Bay）。

南極東部冰原涵蓋為數眾多的冰穹，某些區域的厚度甚至超過了5,000公尺。對東部南極洲景觀影響至深的是南極高原，貧瘠荒蕪，一直延展到海岸附近，因此造成幾英里的高度差。這意味著，強力冷氣團若是自南極高原的高度持續湧流而下時，進入整個東部南極洲則如入無人之境。而能被稱為「下坡風」的必定來者不善，周遭的野生動植物、岸邊碼頭工人及船工們都無一倖免。它來無影去無蹤，即使晴天也一樣。隨時能在一片死寂氣氛中掀起狂暴風雪，令人防不勝防，生命備感威脅。然後又倏忽消失，大地恢復平靜，真是詭譎多變。

南極洲的風具有極強大的力量。它能令壯漢氣急敗壞，更糟的是，它還會徹底讓一個人身心受創。1911至1914年間，澳洲地質學家道格拉斯・莫森（Douglas Mawson）在南極探險時，正因為不諳風力強勁，錯將小木屋建在東部南極洲的聯邦灣（Commonwealth Bay）而吃盡苦頭。第一年的平均風速是每小時80公里，偶爾出現時速320公里的陣風。而五月每天的平均風速是每小時98公里，5月15日全天24小時的平均風速更高達每小時145公里。雖然莫森南磁極的雪橇之旅極富傳奇色彩，但更受矚目的恐怕要算他那成了真正的「暴風雪之家」的指揮所吧！

頁76-77：東部南極洲肯普海岸（Kemp Coast）的愛德華八世灣（Edward VIII Bay）裡，午夜太陽點亮了這些碎冰的邊緣。

頁78-79：低垂的夏日陽光照亮一座漂離東部南極洲海岸的桌狀冰山，它在縫隙中到處碰撞。

頁80-81：一座冰山被困在東部南極洲海岸附近的浮冰中，它的上空烏雲罩頂，一場暴風雪即將來臨。

East Antarctica

頁82和頁82-83：在冬季寒冷的漫漫長夜裡，皇帝企鵝們會彼此緊緊相依取暖，抵抗寒風侵襲。整批企鵝族群的移動是由外圍的企鵝漸漸往中心挪移使然。奧斯特（Auster）棲息地靠近澳洲南極洲領地（Australian Antarctic Territory）的莫森（Mawson）科研基地。

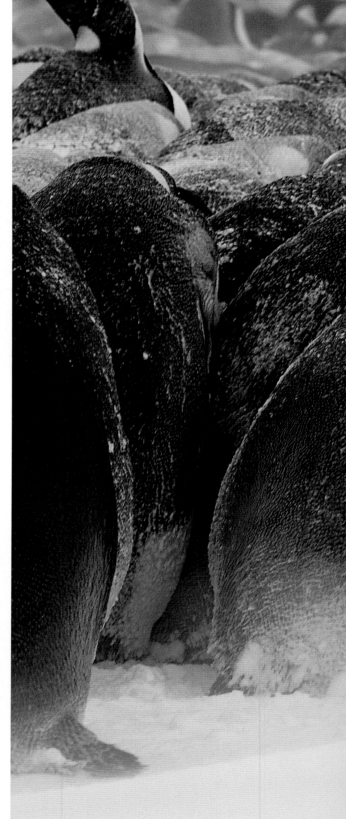

野生生物也受到風暴的影響。每當夏季來臨，阿德利企鵝都會在短暫的繁殖期內回到岸邊，此時往往一場風暴就能毀滅巢地所有的企鵝寶寶。皇帝企鵝就不像阿德利企鵝，牠們至少不會在開闊的岩地上築巢。為了躲避風暴，牠們將棲息地建在封凍的冰崖或變成海冰而擱淺的冰山上。即便如此，在酷寒的冬日，數百隻的成鳥仍需擠在一起取暖，以抵禦漫天暴雪的侵襲。當牠們擠成一團時，成年企鵝會輪流挪到最外圍，並將其他企鵝推入圈內，如此

循環而形成一個不斷挪動的龐大企鵝族群。

在東部南極洲的海岸線上，分佈著為數眾多的皇帝企鵝據點，其中最令人矚目的是澳洲莫森站附近的奧斯特棲息地。另外還有一處位於阿德利蘭，與法國基地迪蒙‧迪維爾相鄰。1840年，法國探險家迪蒙‧迪維爾對南極洲的這片區域進行一次完美的考察之旅。他在地理岬（Point Geologie）登陸，與現在以他名字命名的研究站相去不遠。迪蒙就是在此將那種典型的黑白兩色企鵝命名為阿德利，而

那正是他妻子的名字。

阿德利蘭也頗負盛名，因為靠近法國科研站的許多小島上有地球上最南端的海燕繁殖群，其中包括純白耀眼的雪燕（*Pagodroma nivea*）。雪燕和南極鸌（*Thalassoica antarctica*）的飛行及導航能力極為傑出，牠們會遠渡 200 公里到達內陸，在岩層露出地表和冰原島的風化岩上建立巢穴。

東部南極洲幾乎蠻荒一片的冰天雪地，就佔據南極大陸一半以上的面積。沿海一帶，禽類和獸類群聚，呈現出豐富的生物多樣性。在某些地方，苔蘚和地衣也會牢牢地附著在狂風橫掃過的岩石裸露處，除此之外，根本就沒有更高等的植物能在此生根。所有的海豹和企鵝都以龐大肥厚的脂肪層當做某種程度的防護，來抵禦惡劣環境。這些生物雖然是南極生物的典型代表，但對我而言，雪燕才是這舞台上最閃亮的。不顧南極大陸氣候的嚴酷，雪燕瘦小身軀似乎不堪一擊，然而僅憑著嫻熟的飛行技巧，便向世人展示了真正的「南極精神」。

縱觀整個南極大陸，並沒有任何傳統意義上的國家公園或保護區存在，然而卻有許多地方被標明為「特別保護區」或「特殊科學價值地點」。而在東部南極洲，這種特別區域為數眾多。每一處都制定了嚴格而明確的管理規則，以免受人類的侵擾。而至關重要的是，這獨一無二的生態處女地至今幾乎封存完好，將留給後世子孫研究與探索，或讓從未到過南極的我們知道，那兒有一片清純無瑕的大地面貌。

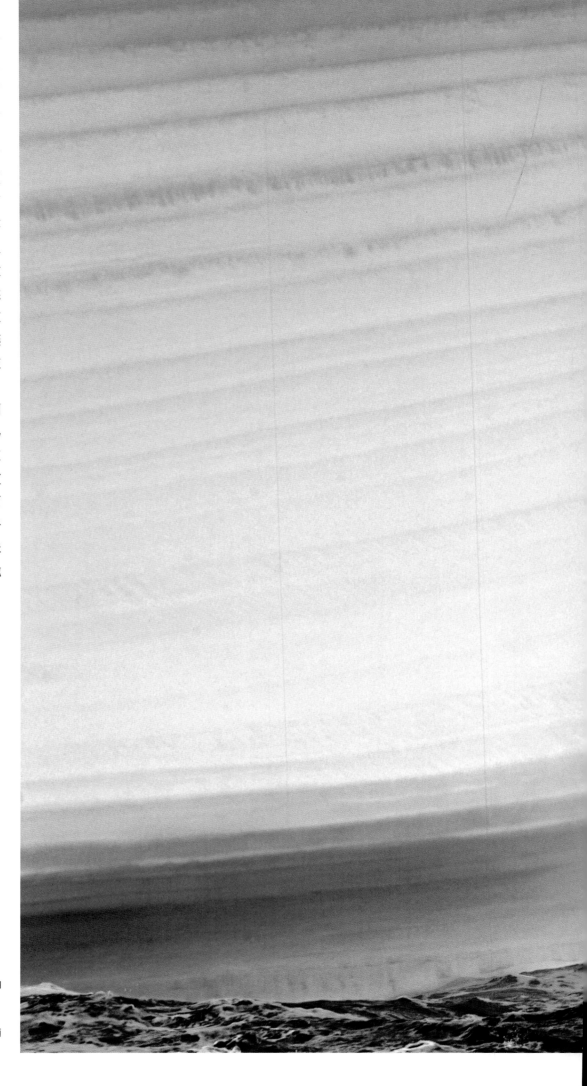

頁 84-85：岬海燕（*Daption capense*）在南大洋上空振翅翱翔。有好幾類海燕選擇在東部南極洲附近海島繁殖後代，而雪燕有時卻遠渡 200 公里到內陸構築自己的巢窩。

頁 86-87：南大洋在春天幾乎全被浮冰所覆蓋。桌狀冰山從東部南極洲巨大的冰河上崩落下來，便困在這些浮冰當中。

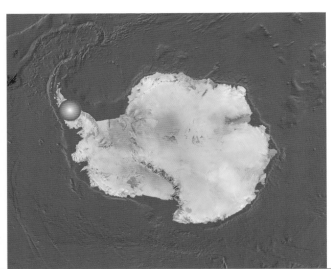

頁88上：溫克島（Wiencke Island）上的山巒壯闊，是南極半島諸多峻峰的典型。

頁88-89：山峰矗立在南極半島的脊線上，在熱爾拉什海峽（Gerlache Strait）上空的雲隙間，熠熠生輝。

頁89右：史考特山是南極半島上一座典型的高峰，位於著名的勒美爾海峽（Lemaire Channel）的最南端。山勢峻拔，穿雲而出。附近科研站的研究人員以及乘坐快艇或遊輪而來的人，已多次登臨此山。

南極半島
The Antarctic Peninsula

綿延1,000公里的南極半島，猶如一根彎而細長的手指。其上嚴冰深結，峻峰林立，有些峰高甚至超過3,000公尺。從地質構造上來說，南極半島是雄渾高大的安地斯山脈的延續。正如安地斯山脈許多知名火山活動頻繁，南極半島北部尖端的奇幻島（Deception Island）上火山活動也非常顯著。在距離南美洲1,100公里處，位於合恩角（Cape Horn）的正南方，南極半島自南緯63度冰雪封凍的霍普灣（Hope Bay），一路蜿蜒到南緯74度南極高原邊緣。南美洲和南極半島之間隔著德雷克海峽（Drake Passage）。它是一條位於太平洋和南大西洋之間的狹窄水道。南冰洋的水由此取道，推擠著通過漏斗般的缺口。

南極半島位於南極圈北部，若按照南極的標準來看，這裡相對溫和，常被稱為「香蕉帶」（banana belt）。因為從十二月至翌年三月，整個夏季氣溫會攀升到攝氏14度，降雨也不再難得一見。由於全球暖化的監測系統越來越精準，揭示了南極半島是地球溫度上升最快的地方，每次平均提高接近攝氏2度。在南極半島的最北端，七座冰棚及主要的冰河系統正處於不同的崩塌階段。這戲劇性的變化暗指即將會有重大轉變出現在這片古老的極地上。

南極半島的無冰區域比這片大陸海岸邊緣任何地方都多，因此大量的南極野生動植物群聚於此，而海洋提供豐富的滋養。自1940年代開始，至少有15個國家級南極科研專案在這裡建立了全年運作的基地。這些基地大多密佈在半島多石的沿岸，或一些離島上。

儘管《南極公約》制定了嚴格的環境和野生動植物保護措施，而永久性設施的擴充、輔助人員的增加、船隻和飛機的頻繁往來等，都對企鵝和海鳥的繁殖地以及脆弱的植被造成某種程度的衝擊。由於從南美洲港口進入南極半島的無冰區域並不困難，

頁90-91：黎明時分，在南極半島的尖端，埃里伯斯－特勒灣（Erebus and Terror Gulf）沉浸在一片寂靜之中。

過去二十年間，來此暢遊的觀光船陡增。然而，頻繁的遊訪對這裡的自然環境和野生動植物造成影響而導致衰敗，已引發各界關注。

穿越德雷克海峽後，通常最先看見的就是南昔得蘭群島（South Shetland Islands）。其中最大的喬治王島（King George Island）幾乎處於亞南極地區，地勢低平，以豐富茂密的苔蘚和地衣聞名於世。由於喬治王島進出方便，並具有保存完善的自然海港，所以許多國家在此建立研究站。喬治王島經常薄霧繚繞，與利文斯頓島（Livingston Island）的秀峰巍峨形成鮮明對比。不遠處，史密斯島（Smith Island）的最高峰——佛斯特山（Mt. Foster）閃耀著美麗光芒。要攀登這座高2,105公尺的險峰，可說極具挑戰性，而到目前為止也只成功過一次，那年是在1996年。

利文斯頓島的正南方有座神秘莫測的奇幻島火山。在火山口的裂壁上，有一條狹窄入口，即被稱作「海神的風箱」的尼普頓水道（Neptunes Bel-

lows）。駕船駛入尼普頓水道，即能抵達一片遍佈火山岩渣、水氣氤氳的黑色海灘。奇幻島火山最近一次大規模爆發是在1969年。它活躍的火山活動從未間斷，並且非常地不可預知，這可以由在捕鯨灣（Whalers Bay）廢棄的捕鯨站附近，海灘高度一直處於升降中，強大的侵蝕力沖刷出條條溝渠得到證明。1928年，澳洲的拓荒先驅休伯特·威爾金斯（Hubert Wilkins）爵士從這片海灘展開首次固定翼飛行。在這座火山口的最末端——彭迪尤勒姆灣（Pendulum Cove）那片狹窄的帶狀水域中，熱氣升騰，人們能在此游泳或放鬆小憩。在奇幻島外側的貝利角（Baily Head），一座巨大而陡峻的冰河，正緩緩流向宛若黑玉的海灘。原本潔白的冰層中滲入了灰黑的火山灰，層層疊疊，形成了斑馬紋的漩渦狀圖案。就在這種超現實主義的景致下，勇猛的南極企鵝乘風破浪，一批批搶灘登陸。牠們精心梳理著自己的羽毛，或者互相啞著嗓吼叫。對南極企鵝來說，邁著「卓別林式」的搖擺步伐，鼓足勇氣越過黑色沙灘並努力爬上陡峭的懸崖，就是為了回到孩子身邊。懸崖的頂端就是南極企鵝的家，

那是冰河後方一處隱蔽所在，猶如天然圓形劇場。

象島（Elephant Island）位於南昔得蘭群島最東端，地處偏遠。四周激流洶湧，海浪滔天，反倒成了最好的庇護。這座巨大遼闊、鋸齒參差的島嶼在1916年聲名大噪，因為當時沙克爾頓率領的「持久號」（Endurance）被困於象島的懷爾德角（Point Wild）。也正是從這裡，沙克爾頓駕駛「詹姆士·凱爾德號」（James Caird）救生艇啟程前往南喬治亞島求救。在南昔得蘭群島的每座島嶼上，棲居著大量的南極企鵝和巴布亞企鵝，還有許多來此繁衍的海鳥，如鸕鷀（*Phalacrocorax*）、鞘嘴鷗（*Chionis*）及各類海燕。然而，這些群島開始引起注意卻是因為為數驚人的海狗。十九世紀初期，英國和美國的獵捕船闖入此地，大肆展開屠殺。由於商業競爭和趨利本性，這些掠奪者彼此間也充滿敵意。甚至數量龐大的海象動作緩慢，因為擁有人類所需的油脂，因此也難逃被屠殺的命運。

越過南昔得蘭群島，還必須穿越112公里寬的布蘭斯菲爾德海峽（Bransfield Strait），才能抵達南極半島最北端。此時遇到的巨大桌狀冰山，正是從威德爾海西移，準備穿越南極海峽（Antarctic Sound）。來自霍普灣峰頂的下坡風，能使氣溫瞬間驟降。芙羅拉山（Mt. Flora）因為有大量的植物化石在這裡而成為特別保護區。這些化石證明了早期南極大陸的氣候比現在溫暖。而今景致早就今非昔比，一派極地風光：壅塞在海灣厚重的浮冰，緩緩漂向大海的巨大冰河，被冰雪覆蓋的高山峻嶺。這裡是擁有澳洲兩倍大的廣袤大陸起始點。

人們可以穿越南極海峽進入南極半島東面的威德爾海，然而，這條航道常常被巨大的浮冰堵塞。冰山也是一種巨大的威脅，因為它們可以突破浮冰包圍，在水流和風力的推動下，獨來獨往。這裡的環境惡劣嚴酷，沒有經驗的船長或未經加強的船隻根本無法應對堅冰的撞擊。

頁92左下：南極企鵝在奇幻島的貝利角登陸，這片海灘因為屬於火山岩質，因此呈現黑色。

頁92-93：奇幻島是一座活火山，坐落於南極半島附近的南昔得蘭群島。

頁93上：在奇幻島的貝利角上，南極企鵝的巢地星羅棋佈。

頁94-95：南極企鵝聚居在南昔得蘭群島的半月島（Half Moon Island）上。參差錯落、古老沉寂的火山殘留，成為了牠們最好的庇護所。

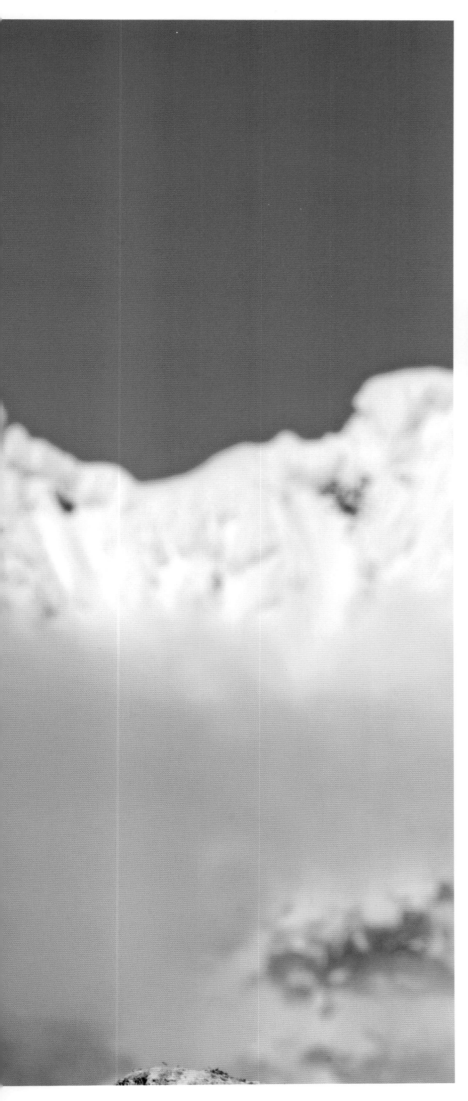

The Antarctic Peninsula

頁96-97：在溫克島，一隻藍眼鸕鶿（*Phalacrocorax atriceps* 又名國王鸕鶿）在巢中棲息。

頁97右：藍眼鸕鶿互相梳理對方的羽毛。

頁98-99：落日的餘暉照亮溫克島最高峰。

頁100-101：狹長的勒美爾海峽（Lemaire Channel）位於布斯島（Booth Island）與南極半島之間，從如鏡的水面倒映的美麗風景，在這裡司空見慣。

　　較為常見的旅程是從南極半島西側，取道於水面較無冰的熱爾拉什海峽（Gerlache Strait），途中經過布拉班特島（Brabant Island）和昂韋爾島（Anvers Island）兩座島嶼。昂韋爾島的最高點——法蘭西斯山（Mt. Francais）高達3,000公尺的冰峰，每當夕陽西下時，便散發出柔嫩的淡粉紅色光彩。從十二月到翌年二月是南極半島的仲夏時節，即便這裡位居最遙遠的北端，也能沐浴在持續不斷的陽光照耀下。

　　在南極半島更遠的南端，因為有著無數的島嶼、海峽以及看似神秘卻豁然開朗的通道都彙聚於此，使地形變得更為複雜。這裡美不勝收，有數不盡的山峰密佈於半島的山脊，從未被人類攀登而顯得默默無聞；許多扭曲變形、佈滿一道道深刻裂縫的冰河也從未被穿越。航行在狹窄而著名的勒美爾海峽時，站在甲板上仰望那些魁偉雄壯的岩石表層，不由得心生敬畏。岩石周圍冰封成為極具危險性的冰崖，還有覃狀冰柱懸掛其上，這就是所謂的雪簷。船頭平靜的水面上，海峽完美如畫的倒影隱約閃爍。隨著勒美爾海峽逐漸遠去，水天相接處再次出現群山綿延的壯麗景致。繼續向南，前往阿德萊德島（Adelaide Island）和南極半島基地附近廣闊的瑪格麗特灣（Marguerite Bay），更加險阻重重，因為有越來越多的冰山橫亙其中，浮冰也益發稠密；即便是盛夏，海面也幾乎全被冰層覆蓋。

　　浮冰上四處倒臥著食蟹海豹，成群結隊如繁星點點。牠們有著黃褐色的皮膚，總是慵懶地打著呵欠，是哺乳類動物中數量僅次於人類的。南極並沒有螃蟹，但是早期探險者卻給了牠們這樣一個名字。食蟹海豹較喜歡棲息在浮冰上，即便是繁殖期亦很少上岸。牠們的口鼻像狗，長著鏈鎖般的牙齒。磷蝦是牠們的主食，這種特殊的齒形有助於海水從牠們的口中流出，只留下滿嘴的磷蝦。食蟹海豹身上常常傷疤橫布，這是牠們遭到虎鯨攻擊的結果。威德爾海豹也棲息在南極半島上，牠們身軀更為龐大，其上點綴著銀色的斑點。兇殘的豹海豹（*Hydrurga leptonyx*）喜歡獨自行動，時常在企鵝巢地附近巡遊，伺機而動以便能飽餐一頓。

上：一隻幼小的巴布亞企鵝，正慢慢適應用牠波紋狀的舌頭來捕捉磷蝦或魷魚。

頁 102-103：巴布亞企鵝的巢地通常位於南極半島西邊島嶼上。牠們偏愛在排水性佳、沒有冰層覆蓋的裸露岩石上，以石子築巢。

頁104左：天堂灣的落日照亮了海中細碎的浮冰以及背後南極半島上的群峰。

頁104-105：溫暖的夏日，食蟹海豹躺在南極半島的浮冰上打盹。

頁106-107：來自於威德爾海冰棚的一座淡藍色冰山邊緣，出現形單影隻的巴布亞企鵝。

上：一隻虎鯨從南極半島附近海冰中沖躍而出。牠們慣常巡游在南極半島周邊的峽灣和水道間，於浮冰之中獵殺海豹和企鵝。

頁108-109：座頭鯨（*Megaptera novaeangliae*）在冰山旁遊弋。由於捕鯨時代結束，現在南極半島周圍，座頭鯨已越來越常見。

頁110-111：豹海豹是南極洲最可怕的掠食者。牠們通常在企鵝巢地附近的水域伺機而動，或者襲擊那些在浮冰上休憩的食蟹海豹。

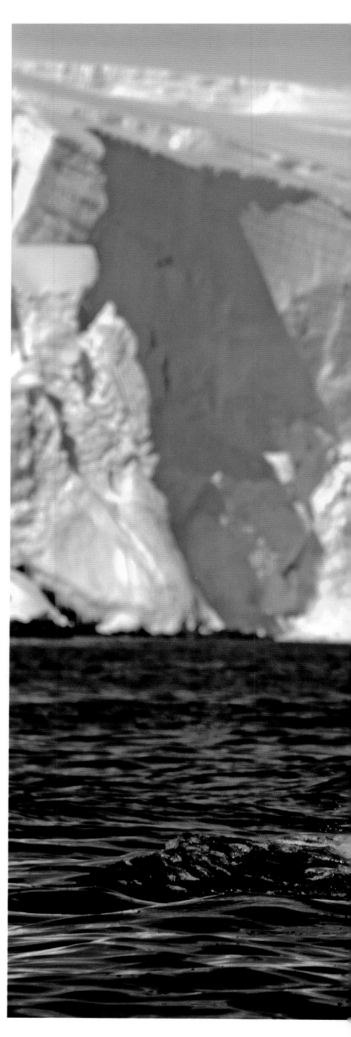

在南極半島築巢，繁衍生生不息的「硬尾」企鵝有三類——阿德利企鵝（以法國探險家迪蒙·迪維爾之妻命名）、巴布亞企鵝以及南極企鵝。規模很小的皇帝企鵝的繁殖棲息地遠在南邊，位於與阿德萊德島毗鄰的迪翁島（Dion Island）上。在返回浩海浮冰度過漫漫冬日之前，皇帝企鵝不得不在南部短暫夏日裡完成繁殖及養育後代兩項重任。為了能在未被冰雪覆蓋的裸露岩石上築巢，企鵝們彼此競爭激烈。盛夏時節冰雪融化，氾濫的雪水會將企鵝蛋沖出巢穴，因此企鵝偏愛那些排水良好的區域。一對成年企鵝夫妻會輪流臥在一隻或兩隻企鵝蛋上孵卵，而另一隻則出海捕食磷蝦。

當那些胖嘟嘟、毛茸茸的企鵝寶寶逐漸長大時，食慾極為旺盛，總是處在一種癲狂狀態。如今南極以海岸為基地的捕鯨業已經停止（只有少量的日本捕鯨船依然在南大洋其他水域大行殺戮），令人振奮的是，有越來越多的小鬚鯨和座頭鯨出現在南極半島周圍。體形嬌小的小鬚鯨游速極快，喜歡處在浮冰周圍的水域；座頭鯨體形龐大，似乎更愛嬉鬧。這兩種鯨魚的牙齒都能濾除海水，在口中留下滿滿的磷蝦飽餐一頓。南極半島不僅擁有極致的自然之美，更散發出靈性。這片莽莽荒原浩大宏偉，來到此地的人們無不為之震懾。這片土地廣袤無垠，幾近蠻荒，沒有圍籬、電線和道路，人類在依岸而建的簡陋科技設施裡艱難度日。置身其中，人類的卑微感油然而生，實在是一種特別的體驗。

頁112左：一隻阿德利企鵝從雪岩的縫隙上一躍而過。

頁112-113：彼德曼島（Petermann Island）位於南極半島海岸的不遠處，這裡有座極具代表性的阿德利企鵝小型巢地。而巴布亞企鵝和藍眼鸕鶿也在此繁育後代。

頁114-115：當太陽照亮南極半島最高峰時，天堂灣寒冰壅塞。

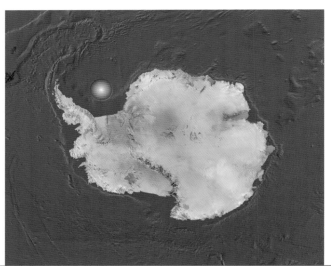

頁116上：在威德爾海最南端的阿特卡海灣，有數個皇帝企鵝的巢地散落各處。

頁116-117：從高空俯瞰，桌狀冰山被困在威德爾海的浮冰之中。

頁117右：許多厚達5公尺的海上巨冰互相擠壓摩擦，嘎嘎作響。幾乎整個海面都被堅冰覆蓋。即便在盛夏，連加強型破冰船也很難突破這些冰層。

威德爾海
The Weddell Sea

假設有一處能令遠航南極的人深感恐懼與敬畏的地方，那一定非威德爾海莫屬。1915年沙克爾頓爵士率領「持久號」在這裡沉陷，困在沉重浮冰中長達數月，威德爾海自此名聲大噪，所有水手無不聞之喪膽。威德爾海雖隸屬南大洋，然而作為眾多冰山的發源地，它本身即如此浩瀚威凜，成為南極洲終極力量所在，堪稱實至名歸。威德爾海屬極地海洋環境，擁有壯麗奇觀，唯有偉大的羅斯海能與之匹敵。近年來，威德爾海深處的主冰棚遽然崩塌，警報響起，預示著氣候變化將導致更為激烈的後果，而全球暖化規模之大也前所未有。

威德爾海方圓300萬平方公里，最廣闊處從科茨地（Coats Land）海岸一直伸展到南極半島東部邊緣，寬約1,851公里。威德爾海即便曾是開闊水域，現在也早就不復往昔，一年到頭幾乎總是覆蓋著厚厚的浮冰。沙克爾頓在付出慘痛的代價後才發現，海冰是按順時針方向日夜不歇地流向南極半島。這裡的浮冰厚達1.8至4.6公尺，幾乎無法穿透，有時甚至連現代化的破冰船都無能為力。

因此，接下來要講的這件事就變得意義非凡了，那就是——早在1823年，英國船長詹姆士‧威德爾（James Weddell）率領兩艘木製捕海豹船「珍號」（Jane）和「博福伊號」（Beaufoy），設法抵達南緯74度相對少冰的海域。威德爾起初將這片他發現的海域命名為喬治四世海（King George IV Sea），而現在這片海域以他的名字命名。這裡比庫克船長（Captain James Cook）50年前抵達的終點往南偏314公里，並在此後的90年間無人再超越。威德爾曾經到達南昔得蘭群島，並且在航行中發現了南奧克尼群島（South Orkney Islands）。他堅信，在突破海冰的重重阻礙後，必定能駛入茫茫大洋，一路直抵南極點。

頁118-119：一隻食蟹海豹在威德爾海邊的小冰山上歇息。這種海豹通常會棲居在浮冰上，很少上岸。

雖然在南極這片區域沒有發現威德爾所期待的南極海狗（*Arctocephalus gazella*），但確實存在著數量歎為觀止的海豹。威德爾海豹和食蟹海豹都棲居在這片水域，其中食蟹海豹更喜歡一直生活在浮冰上。由於南大洋的浩瀚無邊以及穿越浮冰的艱難，幾乎不可能去精確統計食蟹海豹的數量。儘管如此，牠們依然被認為是地球上除人類之外數量最多的哺乳動物。

南極並沒有螃蟹。海豹捕獵者之所以賦予這種海豹「食蟹」這個名字，是因為他們確實被這種海豹嘴邊粉紅色的痕跡給騙了。這種痕跡其實與螃蟹無關，那是海豹咀嚼主食磷蝦或沾染了浮冰上的粉紅色糞便造成的。食蟹海豹口鼻像狗，整排鏈鎖般的牙齒能將口中的海水排出，留下滿嘴磷蝦。食蟹海豹銀褐色的柔軟外皮，在與虎鯨狹路相逢後常常會留下滿深的傷痕。食蟹海豹喜歡群居，常常10隻或20隻聚在浮冰上，躺在夏日陽光裡呼呼大睡。食蟹海豹根本不需要上岸，即使是在寒春，也選擇在海冰上生產。

然而，威德爾海豹的寶寶常出生在岸邊，最起碼也是離威德爾海西部邊緣島嶼最近的海冰上，如保萊特島（Paulet Island）、詹姆斯羅斯島（James Ross Island）和斯諾希爾島（Snow Hill Island）。豹海豹也常出沒於威德爾海，儘管牠們也吞噬大量的磷蝦，但阿德利企鵝和南極企鵝才是牠們主要的獵物。豹海豹慣於在夏季巡蕩在群島岸邊，伺機突襲那些毫無防備往返巢地的企鵝。

羅斯海豹（*Ommatophoca rossii*）是海豹中最難以捉摸的，全身棕色毛髮，脖頸肥厚，頭部和肩膀有著特殊的黑紋。羅斯海豹離群索居，喜歡窩在威德爾海中心最荒僻的浮冰上。在南大洋周圍遼闊的浮冰帶上，諸如東部南極洲的深處，也能發現牠們的身影。

頁120左：威德爾海豹衝破海冰薄層，呼吸新鮮空氣。這種居住在地球最南端的哺乳動物，可以潛入海面下600公尺以捕食魚類。

頁120-121：威德爾海豹帶著寶寶在海冰底下暢遊。這些小傢伙於寒春10月誕生在海冰上。幸虧海豹媽媽的乳汁飽含脂肪，牠們才得以快速成長。牠們必須在短短幾個月內做好準備，以便適應大海的生活。

The
Weddell
Sea

頁122-123：一隻食蟹海豹躺在威德爾海的小冰山上，慵懶地打著呵欠。嘴內有著如鏈鎖般的牙齒，只要一咬牙，海水便能排出而留下滿嘴磷蝦。

頁123右：在春寒料峭的九、十月，威德爾海豹的小寶寶出生在浮冰的邊緣或威德爾海西邊的島嶼上。海豹們身上有一層肥厚的油脂和一層緊緊包裹身體的毛皮，這使牠們處在最凜冽的暴風雪中也能保持溫暖。

頁124-125及頁125：豹海豹這個兇殘的捕食者捉到了一隻南極企鵝，在生吞活剝之前還盡情玩弄著。

優雅而堅忍非凡的皇帝企鵝也許是這裡最出名的，屬於典型的極地鳥類。在威德爾海沿岸的偏遠隱蔽處，分佈著好幾個皇帝企鵝的繁殖區，而最著名的還是要算阿特卡海灣及里瑟－拉森（Riiser-Larsen）的巢地。事實上，皇帝企鵝從不築巢，甚至不在陸地生育，而是以海冰為家，巢地裡常常聚集著數千隻皇帝企鵝。牠們擠在一起互相取暖，共同抵抗冬季最凜冽的暴風雪。牠們也常常以陷落的桌狀冰山當庇護，來躲避寒風侵襲。

值得注意的是，雌企鵝在嚴冬生產後，會將孵化工作交給自己的伴侶。

雄企鵝把企鵝蛋放置在兩腳間，用肚皮上厚厚的羽毛覆蓋它，以身體為它保溫。當雄企鵝養育寶寶時，雌企鵝正在海中奮力地捕捉魚和磷蝦。雌企鵝會在春季返回巢地，接替雄企鵝照顧嗷嗷待哺的幼子。由於雄企鵝之前可是身兼母職，現在早已筋疲力盡了。牠們是如此堅韌，然而，只要一場暴風雪，就能在短短幾小時內奪走數百隻企鵝寶寶的生命。生活在這樣冰天雪地的環境，日子可真難熬。

頁126左：一隻處於生長期的皇帝企鵝寶寶追著爸媽，希望能吃到一些磷蝦。

頁126-127：在潛回威德爾海捕食磷蝦之前，一群阿德利企鵝胸部著地滑過一片浮冰，並用強壯的鰭狀前肢推動身體。

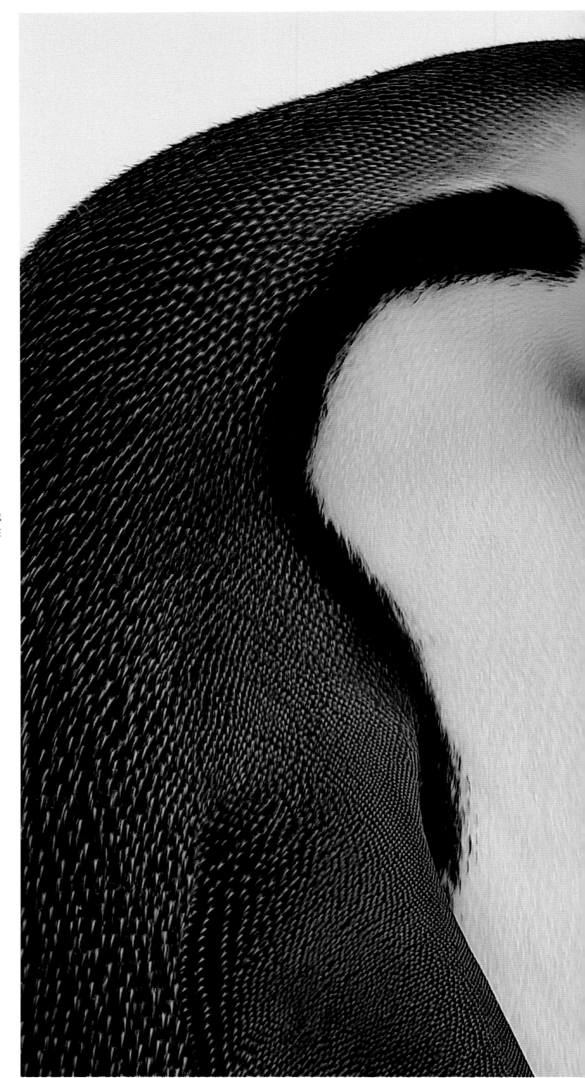

頁128-129：在所有的企鵝種類中，皇帝企鵝長得最高、最重、也最美，牠們有一套特別的生產方式。在冬季，牠們會將企鵝蛋產在赤裸的冰層上。威德爾海的一個巢地裡，這對企鵝正處在蜜月期。

頁130-131：從南極冰棚上斷裂的桌狀冰山，在海浪的侵蝕下形成巨大的隧道，最後一定也難逃分崩離析的命運。

頁132：一隻孤獨的阿德利企鵝在風化的冰山上一路攀爬，進入冰洞中。

頁133：威德爾海之所以名聞遐邇，是因為那些美得醉人的冰山發源於此。這些冰山巍峨高峻，時間一久便因為從內部擠壓出氧氣，而在外觀蒙上一層淡藍色的氬氪水氣。

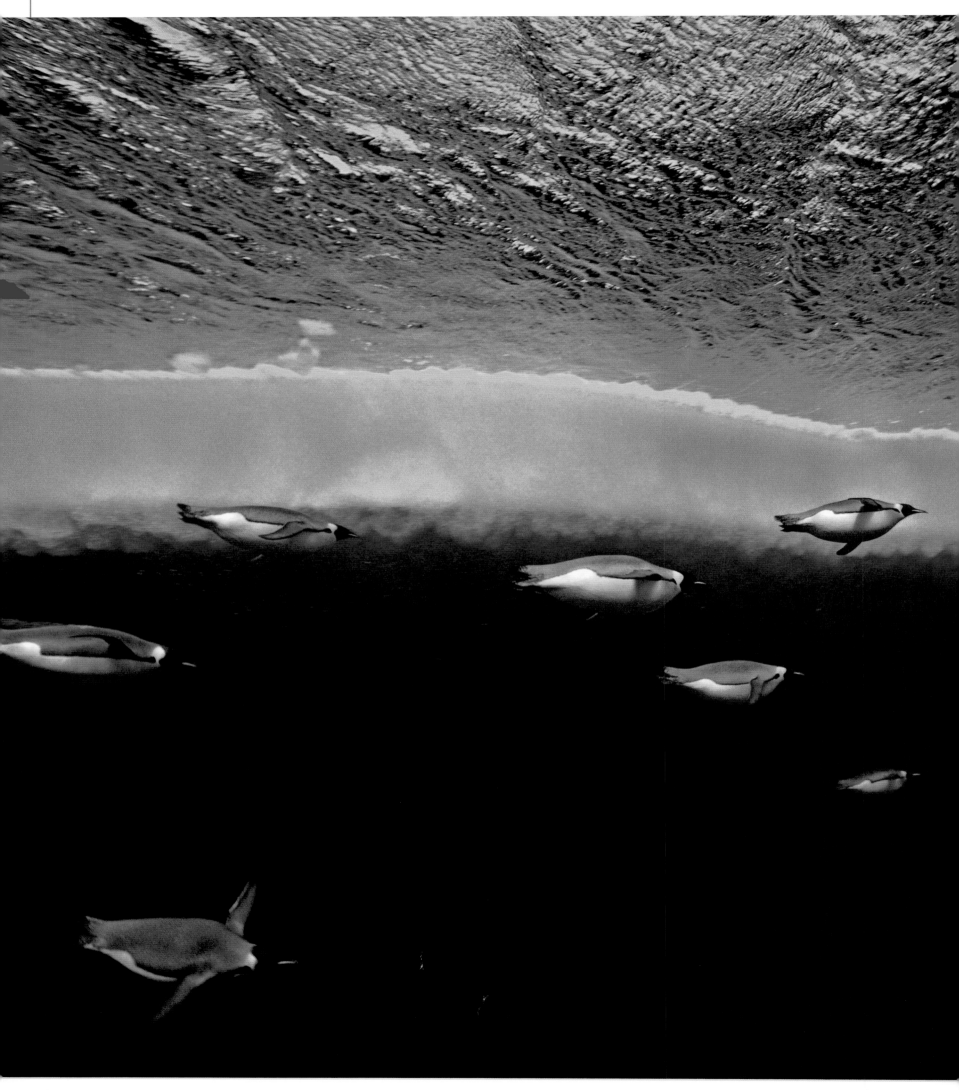

頁 134-135 及頁 135：一群皇帝企鵝在威德爾海的海冰下悠游。牠們是水中蛟龍，能潛入數百公尺深的水底捕捉磷蝦、魷魚和魚。

頁 136-137：潛水夫潛入威德爾海，觀察海冰下的生物類型。發現了血液中含有糖蛋白（可抗凍）的小魚、磷蝦及海星。而藍綠藻也同樣生長在堅冰上。

頁 138-139：古老的冰山向北漂離了威德爾海。由於被強力壓縮，冰山通常會呈現出玉般的綠色或藍色的外觀。而冰山內部通常也會有多層的岩石沉積，形成了像大理石巧克力蛋糕一樣的美麗外觀。

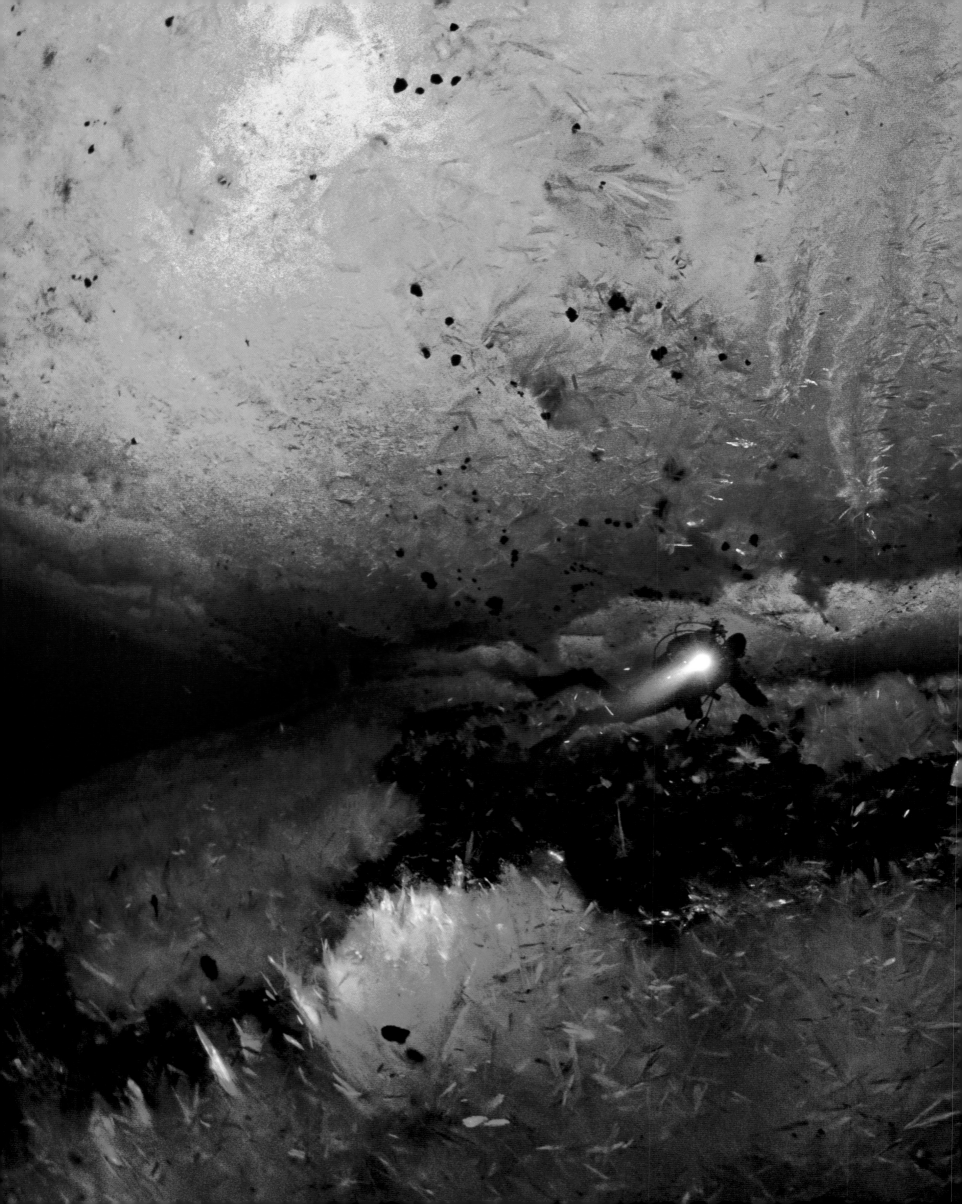

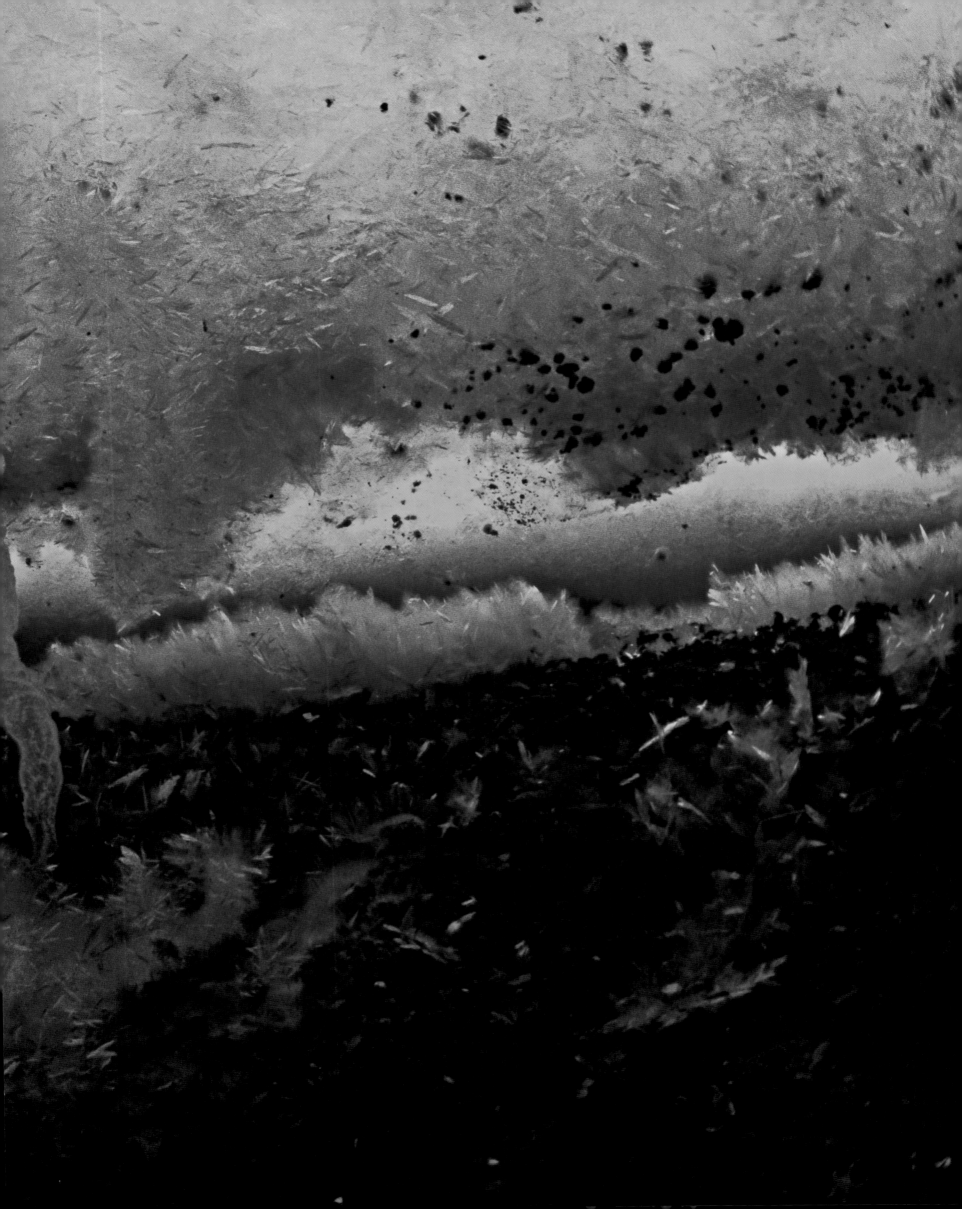

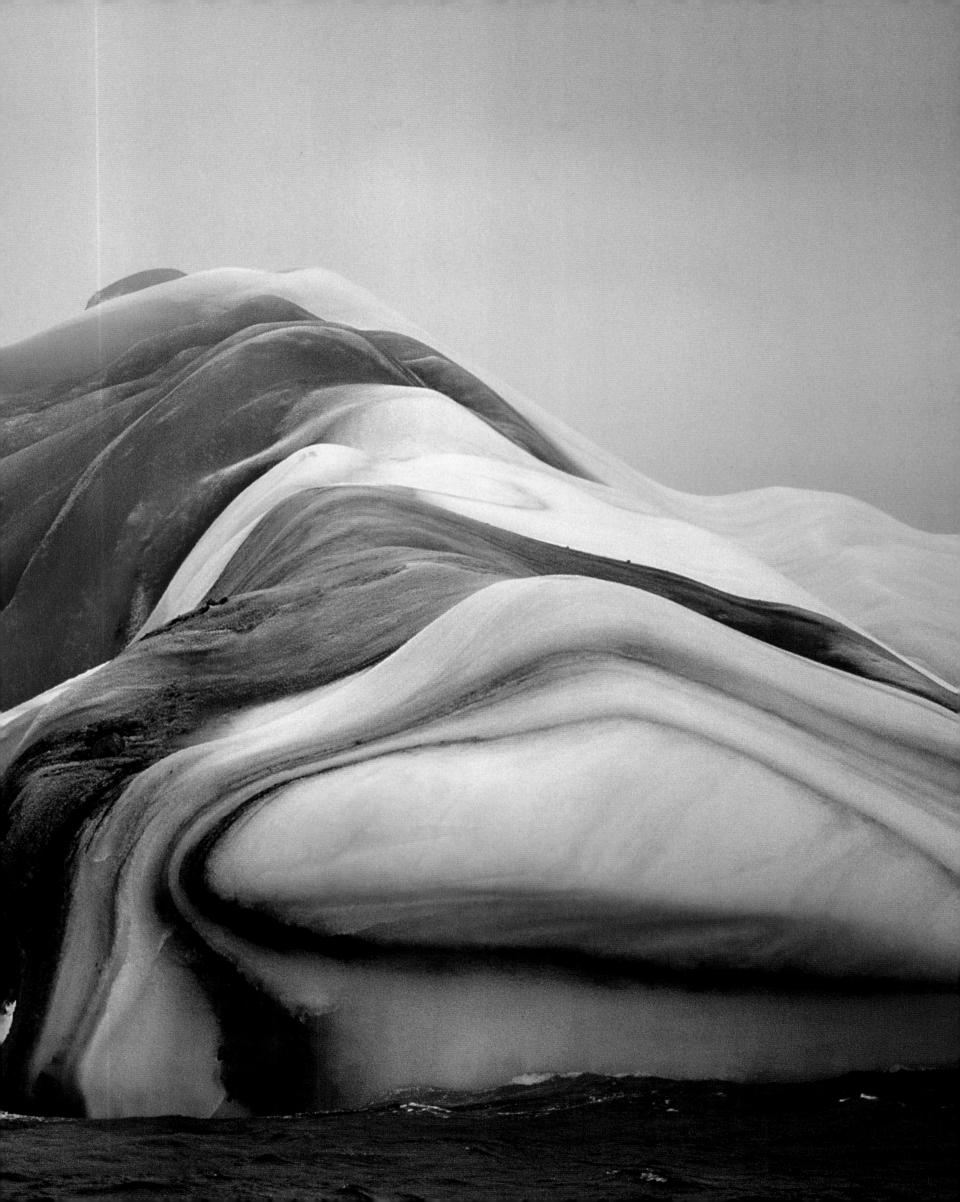

菲爾希納–龍尼冰棚（Filchner-Ronne Ice Shelf）規模僅次於最大的羅斯冰棚，位於南極大陸的另一端，與羅斯冰棚遙遙相對，其面積總和為43萬平方公里。伯克納島（Berkner Island）橫亙其間，將之一分為二，即菲爾希納冰棚和龍尼冰棚，後者面積更大。冰河從南極東部冰原流向菲爾希納–龍尼冰棚，使之逐漸壯大並不斷移向海中。當重力超過冰體的強度，巨大的桌狀冰山就會轟然崩塌掉入威德爾海。1998年及2000年，大概有面積150×50平方公里的冰山斷裂，日漸殘破不堪並向北漂入威德爾海。許多冰山漂到南極半島尖端的南極海峽，一些甚至在融化前隨著水流漂到了南奧克尼群島和南喬治亞島的緯度區域。菲爾希納–龍尼冰棚層層疊疊，猶如樹木的年輪，清晰呈現每一年的雪積量，而這些雪層逐漸被擠壓成冰。有時，冰層中會混入大量的沉積物、淤泥和岩石，使冰山呈現出巧克力蛋糕般的外觀。由於氧氣被擠壓殆盡，那些古老的冰山散發著幽藍的光澤，熠熠生輝。

西元2002年，從一連串引人注目的衛星圖像上可以觀察到，附著於南極半島東部的拉森冰棚（Larsen Ice Shelf）發生崩塌，數千座桌狀冰山從大陸上遽然斷裂，落入浩瀚的威德爾海，波及範圍達3,000平方公里。在之後的5年內，更有至少2,000平方公里的範圍發生崩裂。這在冰河史上是前所未有的事情，而這一切都源於南極半島東部的氣候迅速變暖。科學家們一直在密切監測威德爾海內冰河崩裂的情況，以便為氣候變化機制描繪出更清晰的圖像。北極地區也同樣出現了明顯的氣候暖化現象。在幫助科學家衡量全球氣候變化的過程中，南北兩極區域扮演著越來越重要的角色。

頁140-141：從高處向下俯瞰，一座冰山正在威德爾海向北漂游。由於海浪的作用，冰山被侵蝕出巨大的洞。

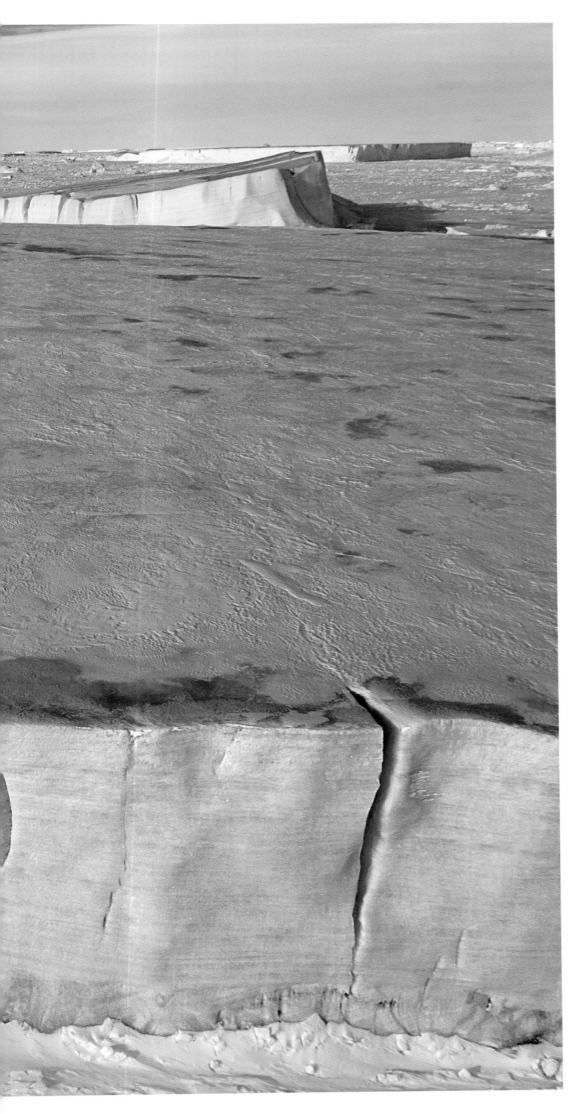

頁142-143：俯視威德爾海中被浮冰所困的冰山。過去10年間，威德爾海邊緣的主要冰河和冰棚相繼崩塌，成為全球暖化最明顯的例證之一。

頁144-145：在威德爾海廣袤遼闊的浮冰表面，見到皇帝企鵝的巢地並非難事，尤其是在3月至4月的繁殖季節，這種「邂逅」更為常見。皇帝企鵝主要在離岸幾公里遠的廣闊冰層上哺育後代。

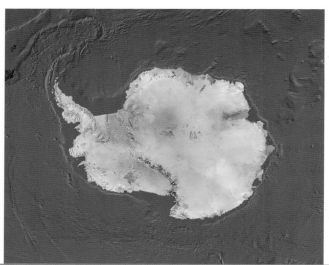

頁146上：暴風以時速148公里的速度襲來，將合恩角之南德雷克海峽的巨浪撫平。德雷克海峽只有1,000公里寬，介於南極半島和合恩角之間。合恩角隸屬智利，是一座遠離南美洲的島嶼。洶湧的南大洋海水被迫湧入這條狹窄水道，即掀起滔天巨浪。

頁146-147：南大洋的洶湧波濤撞擊巨大的桌狀冰山，激起衝天浪花。

南冰洋
The Southern Ocean

環繞著南極洲的南冰洋，是地球上最荒涼、最鮮為人知的一片汪洋。北冰洋幾乎被大陸所圍，而南冰洋卻截然相反，將整個南極大陸包圍起來。南冰洋哺育了無數企鵝、海豹和鯨魚，提供豐富的食物。

作為世界氣候系統的強大引擎，南大洋能夠有力地驅動洋流的循環，甚至影響到北半球。即便是夏季，南冰洋依然風暴肆虐、冰山林立、浮冰浩蕩，因而成為前往南極途中的一道險阻。

由於石油及主要物資只能通過航海運抵南極，因此提供人們的生活必需品就成為各國駐南極代理處的首要任務。就某種意義而言，南冰洋負起保護南極的重責大任，阻擋了人類，並將來自人類的影響和衝擊降至最小。

隨著古老的超級大陸──2.5億年前的盤古大陸（Pangaea）逐漸瓦解，從殘餘的岡瓦納古陸（Gondwana）中分離出最後一片陸地，成為連接南美安地斯山脈與現今南極半島山脊之間的橋樑。儘管這一激烈的地質構造形成被普遍認為發生在3,500萬年前，但科學家們至今仍為它的確切時間爭論不休。斷裂的缺口逐漸變大，遂形成今日的德雷克海峽，南冰洋亦自此生成。

隨著德雷克海峽越來越幽深寬廣，南極洲環流（Antarctic Circumpolar Current）最終形成，這條冷水帶環繞南極洲，自西向東不停流動，有效地將南極大陸與來自北方的溫暖水流隔開。有了這條超級低溫水流高速公路的加持，南極大陸瞬間冷卻。在冰河的作用下，遼闊的冰帽形成，冰河及冰棚紛紛從海拔4,800公尺高的冰穹上流向汪洋大海。在南冰洋，每年形成的海冰是它重要而具規律性的一項特徵。

南冰洋的幅員遼闊，至少占地球海洋總面積的15％，能有效地將南極洲與外界隔離。沿著海岸線航行，一次繞完世界其他洲（亞洲、歐洲、美洲、非洲、澳洲），不需橫渡寬達100公里的開放海域就有可能完成。然而，離南極最近的是南美洲，卻在南極1,000公里之外，得橫越德雷克海峽後才能抵達。

南冰洋向北延伸至南極輻合帶（Antarctic Convergence Zone），或稱極鋒（Polar Front），這是一個不斷改變的生物分界線。在這裡，冰冷的極地水流會與來自較溫和緯度的暖水流相匯，並沉入其下。輻合帶一般位於南緯45度至南緯59度之間，霧氣彌漫，躁亂不安的洋流不停地向上湧動，有助於以生物學定義來界定南極的邊界。像南喬治亞島、南桑威奇群島坐落在輻合帶之南，就此而論，是屬於南極洲；而其他島嶼，像澳洲的麥加里島和紐西蘭的坎貝爾島位於輻合帶以北，因此屬於亞南極地區。

南冰洋自西向東不停地循環流動。然而，在離南極大陸沿岸更近的水域中，卻有一股水流與之相反，自東向西地奔流。由此形成了一片躁動的混合水域，並且在崩裂的冰棚及冰山周圍產生上升流及豐富的營養物質。

南極輻合帶周邊深冷的上升流衝擊更大。混合作用使水中充滿氧氣，因此比低鹽、高度分層化的北極水域更具生物的豐富性。由於氧氣在冷水中溶解得比在溫水中更好，因此冰冷的南冰洋比赤道附近的熱帶水域的物產更為豐富。幽深冰冷的南極冰水不斷地流向北半球，對其他洋流及氣候產生深遠的影響。

與北極相比，南極並不像北極能孕育出許多類的哺乳動物或鳥類，但是棲居在這裡的物種大多數量龐大。

南冰洋的總生產力雖不如預期的大，卻能不斷地對整個南極生態的生物多樣性產生重大影響。夏季

陽光充沛，基本的營養物質如磷酸鹽、硝酸鹽和矽酸鹽都被帶至水面上，浮游生物此時便大量繁殖，形成食物鏈的基礎。

產生出的無數微小的矽藻（Bacillariophyceae，單細胞藻類）和浮游植物（phytoplankton），隨後都被浮游動物（zooplankton，例如橈腳類動物Copepods和片腳類動物Amphipod等）以及被稱為磷蝦的甲殼綱（Crustacea）動物享用。

磷蝦雖然只有寸許長，卻極有可能是地球上蘊藏量最大的動物。巨大的磷蝦群逐漸形成，循著洋流的流向，隨同不斷繁殖的浮游生物，繞著整個南冰洋游動。接著，磷蝦被魚類、海豹、企鵝和其他海鳥追逐捕食，而濾食性鬚鯨則穩居「磷蝦金字塔」的頂端。磷蝦群的數量與分佈極度不均，所以溫度或洋流即便是發生溫和的變化，都會引發以磷蝦為食的上層動物產生食物匱乏的壓力。

冬季的南極四周結滿厚厚的海冰，已成為地球上最壯麗的自然事件之一。冰封始於3月下旬，並於早春時節達到極點。此時，海冰的面積實際上是大陸面積的兩倍，從而產生了顯著的反照效果（如同以一面巨大鏡子去反射太陽光），影響了全球氣候，而南半球更是首當其衝。

第一年凍結的海冰通常有2公尺厚，而那些陳年的冰層更厚達5公尺。在海冰的表層下，通常長著一種附著於海冰表面的紅褐色的藻類，那是磷蝦的美食。

來自南極高原的下坡風受到重力驅使，像往常一樣呼嘯著抵達海冰之上，橫掃南冰洋，很多靠近海岸的地區都不能倖免。這種風強勁絕冷，能令海岸陷入酷寒。儘管如此，在某些區域仍然會出現強大的上升流，使整個冬季都保持無冰的狀態。

所謂的冰間湖（polynya），雖然難以理解，但是卻能夠為鳥類及哺乳動物提供極為重要的棲息和捕食場所。

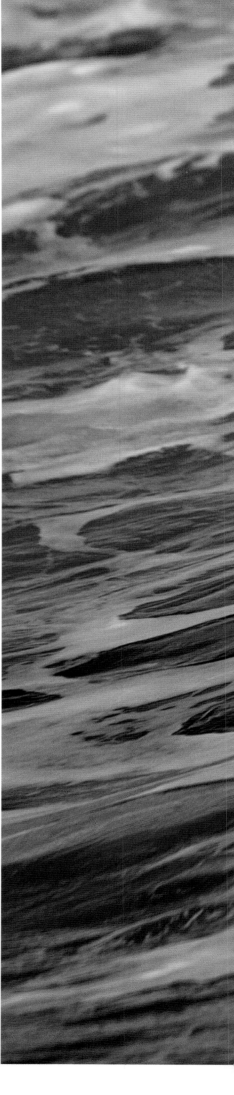

頁148：座頭鯨在遠離南極半島海岸的梅爾基奧爾群島（Melchoir Islands）旁遨遊。

頁148-149：黑眉信天翁（*Thalassarche melanophrys*）利用最小的氣流就可以在南冰洋的上空滑翔，距離遠到難以想像。

頁150-151：巨大的桌狀冰山佇立在東部南極洲奧拉夫王子海岸（Prince Olav Coast）的不遠處。它們從南極洲冰棚及冰河前鋒斷裂而下，向北漂移，並在風吹浪打中，逐漸破碎，直至消融。

頁152上：在南冰洋水面附近，一名潛水者拍攝到一隻巨大的鐘形水母（*Polyorchis penicillatus*）。水母的直徑超過1公尺。

頁152-153：海星（Asteroidea）分佈在南冰洋海床上，以海豹的糞便為食。一名潛水者探查威德爾海豹用來呼吸的洞下方的冰窟。

頁153右：豹海豹獵殺企鵝後，會將其殘餘的屍體丟棄。南極海星（*Labidiaster annulatus*）正是以此為食。

世界上共有23,000種魚類，而南冰洋的已知魚類卻僅有大約120種。這些魚通常長著硬骨突出的碩大頭顱，循環系統中含有一種糖蛋白（glycoprotein），可以有效地防止血液（魚類的血中缺乏血紅蛋白haemoglobin細胞）凍結，實際作用類似於汽車引擎散熱器中的防凍劑。由於南冰洋溫度常年處於攝氏零下1.8度的低溫，這種糖蛋白就成為維持生命必需的物質了。

值得注意的是，某些魚類如莫森鱈魚，生活在600公尺深的海中，是善於深潛的威德爾海豹的主要食物。南極海底覆蓋著海星、海綿（Porifera）、海葵（Actiniaria）以及各種生長緩慢的底棲無脊椎動物（Invertebrate）。

一到夏季，捕魚船隊就成為南冰洋的常客。近年來，各國船隻以及未掛國旗的「海盜船」都踏入了這片有利可圖的市場。由此引發獵捕造成何種後果的激烈爭論，因為對生活在海底大型魚類的生長模式和動態知之甚少，到現在我們仍無從得知：這樣的捕殺是一種適度的獲取且可持續發展呢？抑或是一場劫難？

南冰洋也是一個非常重要的魷魚產區。磷蝦一度被視為巨量蛋白質的主要來源，足以應付饑餓。然而，近些年磷蝦的捕撈業卻陷入困境，這主要是由於磷蝦被捕捉後，體內的蛋白質會迅速改變性質。即便是從南冰洋捕獲磷蝦後，直接在加工船上處理，牠們體內的大部分成分最終也只能作為寵物食品或肥料出售。

在南冰洋水域，遠洋捕鯨的戲碼依然上演著。日本人每年至少用魚叉捕殺300頭小鬚鯨。此一行為在世界各地引發了較多的爭論和抗議。面對二十世紀上半葉的那場針對鯨魚的可怕屠殺，大部分人認為南冰洋應該被闢為鯨魚保護區。

近幾年，在亞南極和南冰洋水域活動的延繩捕鯨船一直在增多，導致許多品種的信天翁群數量暴跌。因為這些鳥被捕鯨船釋出50公里長漁繩上的餌鉤所吸引，因被鉤住而淹溺，也有很多是翅膀被繩子撞傷。

現在人們已開始採用敏銳的偵測系統來控制繩網，當信天翁接近時，誘餌會快速落入水面下，以防鳥類受到傷害。但仍然有很多成年信天翁為此喪命。更悲慘的是，一隻成年信天翁的喪生，意謂著牠倖存下來的伴侶無法為成長中的幼鳥帶回足夠的食物，而導致巢居地中更多的生命消逝。

無論是就自身的原始性，還是作為南極守護神的象徵性意義而言，南冰洋的健全發展都是至高無上的。有鑑於此，對南冰洋進行適當管理便至關重要，因此諸如《南極海洋生物資源養護公約》（Convention for the Conservation of Antarctic Marine Living Resources）和《南極公約》等，相關單位應該要嚴格執行。

頁154-155：櫛水母（Ctenophora）將一隻南極磷蝦整個吞下。

頁155上：在南極磷蝦的胃部隱約顯現黃色的藻類。

頁155下：磷蝦正在進食。這種小型的甲殼綱動物，外形如蝦，是
南極海洋食物鏈中最重要的浮游動物。

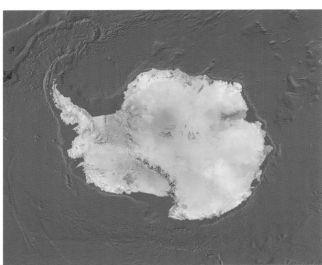

頁156上及頁156-157：南極半島的山脊嚴冰深結，並且有很多冰河流入大海。儘管如此，南極半島仍被稱為南極洲的「香蕉帶」。因為以南極的氣候標準來看，這裡相對溫暖。這是因為在南極半島有更多的降雪，每年厚達幾英尺，但在全球暖化趨勢的影響下，南極半島也有較多的冰雪融化，且升溫速度比地球上任何一個地方都還要快。

冰河和冰棚
Glaciers and Ice Shelves

從太空拍攝的南極之美，是燦爛奪目的。最顯眼的莫過於南極高原散發出如珍珠般的光澤——猶如從一顆被閃耀的日光所環繞的核心，映照在碎裂如拼圖般浮冰上的光芒，而這一切都將南冰洋襯托得更為幽藍。

另一個引人注目的是兩座與大陸緊密相連的冰棚。它們是如此的遼闊，相形之下，北極冰原算是小巫見大巫。再細看那些神奇的衛星圖像，或許可以見到冰河表面的斷裂現象。冰河表面裂紋縱橫，冰磧石隨處可見，令人驚心動魄。雕琢出這片廣袤無情陸地的乃出自大自然之手，是人類盡其所能也達不到的境界。然而，二十世紀的人類活動使氣候的變化加速，對於兩極地區的冰河地貌產生極大的破壞。

南極洲的冰河始於3,500萬年前，與岡瓦納古陸的斷裂及南極洲環流的形成是同一時期，這意謂著，當南極大陸降溫時，南極高原才開始初具規模。當時那片狂風肆虐的寒冷沙漠，如今已變成冰封千里的雪白陸地，冰層厚達4,800公尺。受重力驅使以及冰體的可塑性使然，冰河層開始往大海流動。冰體或以冰河的形式流入南冰洋，或擴展成巨大的扇形平原而形成所謂的冰棚。南極洲分佈著為數眾多的大冰河和冰舌（ice tongue），它們紛紛從海岸線及兩座主要的冰棚——菲爾希納–龍尼冰棚和羅斯冰棚上釋出。這裡還散落著一些小冰棚，最引人注意的要數阿美里冰棚，它是世界上最大的冰河——蘭伯特冰河的傑作。

在東部南極洲，冰體同時從兩個方向向大海推進。在挺進位於南極半島和科茨地沿岸之間的威德爾海時，形成了菲爾希納·龍尼冰棚。菲爾希納冰棚是其中較小的一部分，以德國人威廉·菲爾希納（Wilhelm Filchner）的名字命名。1911年，菲爾希納曾試圖建立一座大陸橋或海洋通道，以連接威德爾海和羅斯海。

龍尼冰棚是其中較大的一部分，以1940年代美國探險隊領隊芬恩·龍尼（Finn Ronne）的名字命名。這兩座冰棚被伯克納島分開。而在另一個方向，堅冰相互擠壓著通過橫貫南極山脈的缺口，奔瀉而下。著名的比德莫爾冰河（英國探險家沙克爾頓和史考特都曾借道於此抵達南極高原）便是以這種方式一路直抵羅斯海的。

在這裡，所有的橫貫南極冰河都會與來自西部南極洲冰原馬里伯地的大量冰體交匯。冰體相互融合並擴展至整個海面，從而形成了世界上最大的冰棚——羅斯冰棚。因為英國船長詹姆斯·克拉克·羅斯於1842年發現了這座冰棚，遂以其名字命名。羅斯冰棚很快便以巨大的羅斯冰障（Great Ross Barrier）或簡稱冰障（Barrier）而聞名，因為顯然地它阻擋了向南的所有海道。

羅斯冰棚的面積相當於整個法國，冰層厚度從橫貫南極山脈附近的700公尺到臨海邊緣的300公尺，落差極大，放眼望去好大一片。然而，重點是羅斯冰棚是淡水冰河，而非鹽水凍結成的海冰。而更令人印象深刻的是，這座看似廣平的冰棚實際上處於漂移之中，並且每天都隨著潮汐週期上下漲退兩次。

隨著壓力的累積，羅斯冰棚被身後湧來的更多的冰體不斷地推向前去。壓力又伴隨著海岸波浪的衝擊力，遂致使冰體發生大面積的斷裂。斷裂而下的部分形成了桌狀冰山，構成南冰洋的顯著特色。桌狀冰山巨大而平滑，連安裝滑雪橇的飛機都可以在上面安然降落。

2000年，一座被標記為B-15的桌狀冰山從羅斯冰棚上斷落，幾年之後便漂入羅斯海。

Glacier and Ice Shelves

B-15冰山影響了海冰的散佈和積聚，也為企鵝返回巢地憑添波折，並使那些進出羅斯海中心麥克默多灣的船隻遭遇阻礙。這座桌狀冰山長295公里，寬37公里，平均厚度達到200公尺，覆蓋面積達10,915平方公里。B-15冰山逐漸裂成數個較小的部分（儘管本身仍算是較大的冰山），耗時數年向北漂移，最遠到達北維多利亞地的頂端。

通常情況下，冰棚是一種平衡系統，那些流進來的冰量與冰山崩裂而損失的冰量大致相當。南極近年來的氣候比以往更為溫和，冰體流速因而提升，導致原來的平衡系統變得不穩，為整個冰棚的災難性崩塌埋下隱憂。夏季暖溫會進一步加速冰棚的塌陷，因為這樣的氣溫會使冰棚的溶水在表面形成水池，而池水慢慢向下滲漏，不停侵蝕著冰棚基底。重要的是，如果冰棚解體，那麼發展出冰棚的冰河也會加快移動速度。

2002年，衛星圖像捕捉到令人震驚的一幕，即附著於南極半島東面的拉森B冰棚（Larsen B Ice Shelf）轟然崩塌。隨著拉森冰棚的崩塌，數以百計的巨大桌狀冰山湧入了威德爾海。不幸的是，在接下來的18個月內，附近的冰河開始以快於平常8倍的速度急速流動。雖然冰山的崩裂、甚至小型冰棚的碎裂都不致造成海平面提升，但是它們引發的冰河急速流動一定能夠做到這一點。僅在氣候變化最為顯著的南極半島兩側，近年來發生崩潰或部分損毀的冰棚和冰河體系就不少於7處。亦即在不久的將來，菲爾希納－龍尼冰棚和羅斯冰棚這兩個龐然大物會完全崩毀，其實不無可能。當今世界超過1億人居住在海拔高度為1公尺以內的地方，而南極大陸所擁有的冰體卻足以讓海平面上升57公尺。因此可想而知，這兩座冰棚的崩毀對世界各地地勢低矮的島嶼以及沿岸區域將造成災難性的影響。近年來，位在加拿大北部和格陵蘭島的大量北極冰河及小型冰棚也發生了塌陷。我們可以假設，由於氣候的劇變，到了2050年北極的夏季，海冰將不復存在。

在過去的10年裡，南極的冰河和冰棚經歷了史無前例的崩裂塌陷、斷裂分離。它傳達出一個清晰的指標訊息，亦即全球暖化是存在的。極地地區的冰棚和冰河存在而成為氣候變化的警示燈，提醒人們要隨時注意地球的發展與變化是否健全。

頁 160-161：從高空俯瞰，威廉米納灣（Wilhemina Bay）冰河上最為顯眼的就是那些冰河移動時所產生的巨大縫隙。

頁 162－163：比爾德摩冰河是最大的冰河之一，以南極高原為起點，流經橫貫南極山脈，最後匯入羅斯冰棚之中。它於 1909 年被英國探險家沙克爾頓發現，從此比爾德摩冰河成了進入南極高原的必經之路。史考特船長亦經由此地到達南極點。

Glacier and Ice Shelves

南極洲的火山群
The Volcanoes of the Antarctic

南極有火山。這個說法聽起來荒謬可笑，甚至自相矛盾。然而，在南極半島附近、羅斯海中心乃至偏遠零散的亞南極群島上確實發現了火山。而且，很多火山非常活躍，噴發時將火山彈拋擲到幾百英尺的高空，改變了海灘地貌，破壞了科研基地。最近，有的火山噴發時，岩漿甚至流入寒冷的南冰洋。在南極探險的英雄時代，火山也扮演了舉足輕重的地位。

南極地區的火山不僅格外壯觀，而且由於緯度及環境孤絕的關係而引發高度的研究興趣。長久以來，這些火山的地理位置、噴發模式以及噴發氣體的化學成分一直讓國際科學界百思不解。不僅如此，南極洲還是地震平靜區，幾乎沒有淺源地震的記錄。

北極的邊緣區域同樣佇立著火山，像北美的阿拉斯加及阿留申群島（Aleutian Islands）、俄羅斯太平洋沿岸的堪察加半島（Kamchatka Peninsula）等均出現過火山活動。其中，最著名且多變的可能是冰島火山周圍的間歇噴泉地帶。與這些著名的火山相比，南極火山鮮為人知，然而卻自有其獨特的魅力。散佈著企鵝和海豹的海冰，像一塊巨大的彩色馬賽克，環繞著煙霧繚繞、冰雪覆蓋的山峰，撼動人心。

對於大多數的南極訪客來說，最先遇到的南極火山就位在狀如馬蹄的奇幻島上。作為南昔得蘭群島的一部分，奇幻島地勢低窪，氣候惡劣。然而無論天氣多麼陰沉，停留在奇幻島的時間再短，也能讓人回味不已。這裡扭曲的地貌讓人激奮不已；熱氣繚繞的地面佈滿紅、赭、黑、黃等各色岩石，宛如暗色調的馬賽克。奇幻島被冰河密佈的更大島嶼，例如利文斯頓島、史密斯島和喬治王島所包圍。天氣晴朗時，穿過布蘭斯菲爾德海峽，南極半島的山脊清晰可見。

特別的是，可以駕船通過奇幻島懸崖邊的一處狹窄通道——著名的尼普頓水道，進入到位於火山口陷落中心的福斯特港（Port Foster）。然而，霧氣彌漫時，在入口附近的崖壁邊緣很容易迷失而找不到尼普頓水道。所以，在1820年代，「奇幻」之名順理成章地在海豹捕獵者和捕鯨者間口耳相傳。

如今，穿過入口，在惠勒斯灣停泊於一座廢棄的捕鯨站之前，便能一眼望見並嗅到海灘上從黑色火山岩洞中升騰的水氣和硫黃味。到了1923年，這裡的水質已酸化到能腐蝕船體的油漆。

1967年的火山大爆發完全摧毀了位於彭迪尤勒姆灣的智利且達（Cerda）科研基地。且達科研基地坐落於離火山口最遠的海灘上。這次噴發也嚴重損害了建於二戰期間位在惠勒斯灣的英國比斯科（Biscoe）科基地。兩年後，又一次的火山大噴發使周圍的地貌發生了巨變，也迫使人們完全棄守基地。

彭迪尤勒姆灣極具吸引力。當潮水來襲時，如果有足夠的勇氣，就可以在海岸旁這片帶有火山餘溫的淺窄溫水區游泳。爬到附近的高山上，向1960年代噴發形成的一個巨大火山口內眺望，也是一件十分有趣的事。只有很少的南極企鵝會冒險進入到奇幻島的火山口，其餘大部分則棲居在島嶼邊遼闊的貝利角巢地中。經常有一些迷路的海狗在夏末時分來到岸上，在惠勒斯灣的捕鯨站廢墟裡小睡。靠近島嶼邊緣的缺口，即尼普頓隘口（Neptunes Window），佇立著一座佈滿青苔的懸崖。懸崖峭壁之上，一群岬海燕在易碎的赭色岩石的斑狀裂縫中快樂地巢居。

離開奇幻島和南昔得蘭群島，從南極半島向東北的南喬治亞島航行600公里，首先遇到的是南奧克尼群島。1903年，一支蘇格蘭探險隊駕駛著「斯科細亞號」抵達這裡，並用了1年的時間進行科學

頁164-165：奇幻島火山湖碧水深綠，形成於1960年代火山爆發時。後面的主火山口直通大海。

頁165上：佇立在伊里布斯山上的火山口高達20公尺，將蒸氣噴入攝氏零下30度的空氣中。從遠處可以看到休眠狀態的火山——發現山。

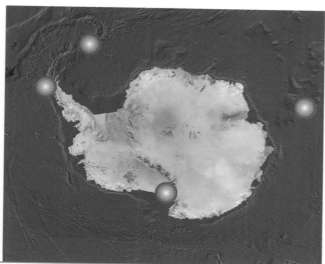

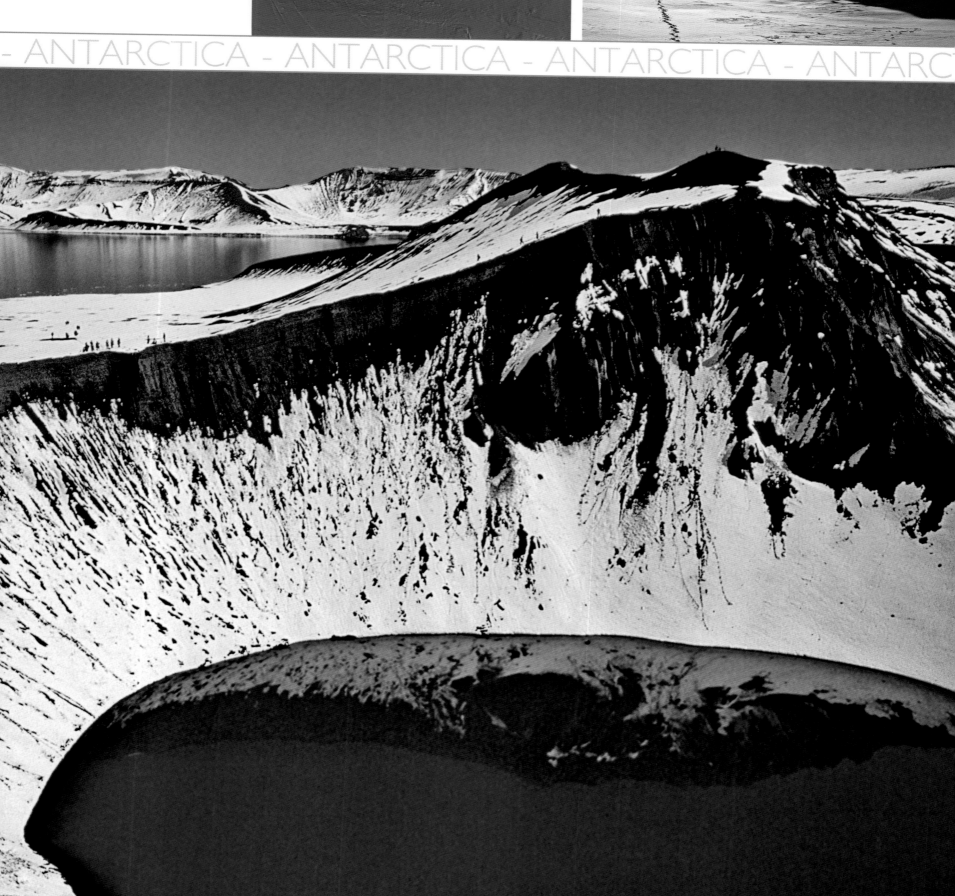

考察。後來，研究南極板塊構造的現代地質學家以斯科細亞號為這條長達4,000公里的海底山脈命名，即斯科細亞島弧（Scotia Arc）。海底山脈將活躍的地質構造板塊一分為二。斯科細亞島弧始自南昔得蘭群島，穿越奧克尼群島，經過一個巨大的回轉，繞回南冰洋底，止於南喬治亞島的高峰間，然後向西朝南美洲伸展。在斯科細亞島弧的最東端，坐落著南桑威奇群島，它算是南極島群中最為荒涼偏僻且人跡罕至的。

南桑威奇群島由庫克船長於1775年首次發現（之後還有1820年俄國人貝林斯豪森Thaddeus von Bellinghausen的許多重大發現）。它包含11座島嶼，蜿蜒成一條長240公里的鎖鏈，從南緯56度一直延伸到59度。它是由南美板塊快速潛沒南桑威奇小板塊之下而形成的（南桑威奇板塊形成於800萬年前，以每年7公分的速度向東移動）。板塊的剛性對撞產生了溫度和壓力的變化，改變了岩石，形成了活躍的玄武岩火山，如松德斯島（Saunders）上的邁克爾山（Michael）。其他的火山則坐落在那些崎嶇不平並部分冰河化的島嶼上，如土里島（Thule）、布里斯托島（Bristol）、坎德爾馬斯島和札伏多夫斯基島（Zavodovski）。2002年，蒙塔古島（Montagu）進入了3年的密集噴發期。雖然這樣的噴發很難從船上看到，而且由於雲層的覆蓋更難以從空中觀察，但在2005年的衛星記錄顯示，蒙塔古島的最高峰貝林達山（Belinda）噴出大量的岩漿，順著蓋滿冰雪的山坡向下延流。岩漿如同瀑布般噴射，傾瀉入南冰洋，產生了大量的蒸氣，最後形成新陸地。從南桑威奇群島向東，就是南緯54度的眠火山布韋島（Bouvet）。嚴格來講，它應該屬於南大西洋的亞南極區域。雖然布韋島早在1739年就被法國人發現，卻在1928年由挪威政府正式宣佈納為領土，並啟用它的挪威名稱「Bouvetoya」。布韋島是世界上離陸地最遙遠的島嶼，離它最近的東部南極洲的昆莫德地，在它南方大約1,600公里處。

頁166-167：在奇幻島活火山口的外緣，南極企鵝群集在貝利角的海灘上，這裡遍佈著黑色火山岩渣。1967年和1969年的火山噴發將多層火山灰條狀分佈在冰河前鋒上。冰河前鋒後方有一個大型的南極企鵝繁殖地。

頁168-169：在南桑威奇群島的桑德斯島上，阿德利企鵝和南極企鵝沿著火山生成的黑色沙灘搖擺前行。

頁170上：南極企鵝從火山岩崖上跳入奔湧的浪花中。

頁170下：鳥瞰南桑威奇群島中松德斯島的活火山。

頁170-171：在札伏多夫斯基島上，棲息著數百萬的南極企鵝。該島是南桑威奇群島中的一座活火山，綠藻點點染上白雪。

在南印度洋南緯49度處伫立著羅斯山（Ross）。羅斯山在格朗德特爾島（Grande Terre）上，是凱爾蓋朗群島300座島嶼中的最高峰。自從群島於1722年被法國人發現後，就從來沒有過羅斯火山噴發的記錄，但是在山峰兩翼，依然有活躍的噴發氣孔。「咆哮40度」還包括其他的火山群島，比如位於南緯46度的法屬科羅捷特群島中的6座島嶼，以及位於艾德華王子島（Prince Edward Island）島群中的南非馬里昂島（Marion Island）。這些亞南極群島上棲息著大量的國王企鵝、長冠企鵝（*Eudyptes chrysolophus*）、跳岩企鵝和巴布亞企鵝，同時也是許多信天翁和其他海鳥的家園。

至目前為止，亞南極群島中最美麗的火山要算是大本山（Big Ben）。它隱藏在南緯53度南印度洋中，被厚厚的冰雪所覆蓋，成了赫德島的主要特色。大本山的頂峰為莫森峰（Mawson Peak），高2,745公尺，是澳洲領土內最高峰（澳洲本土的實際最高峰是科修斯可山Kosciusko，高2,228公尺）。源於大本山25公里寬的山頂火山口的冰河約有12座。火山上一次噴發是在2001年，壯觀的岩漿流點亮了夜空中的雲彩。一艘澳洲政府輪船上的船員有幸目睹此景。赫德島上有火焰和冰雪，下有叢生的雜草和狂風肆虐的海灘，是珍貴的野生動植物保護區。這裡聚集著擠來擠去的國王企鵝和打著嗝的象海豹，一派南極最美的野生風光。

南極大陸最高的火山是位於馬里伯地的西德利山（Sidley），高4,181公尺。而在西部南極洲這一帶，還有許多高度略低的火山，如漢普頓山（Hampton）、塔卡西山（Takahe）以及斯提爾山（Steere）。這些火山儘管龐大，但火山口仍須奮力才能突破於冰蓋之上。高3,110公尺的錫普爾山（Siple）或許算是馬里伯地最優雅的火山。駕船沿錫普爾海岸（Siple Coast）航行時，便能以最佳角度觀測到它經典的火山穹狀圓頂。馬里伯地還有一些眠火山，尚不能突破西部南極洲上冰蓋的厚重覆蓋而探出頭來。

橫貫南極山脈穿越維多利亞地，其中最高的火山是歐弗洛德山（Overlord），高3,395公尺。歐弗洛德火山的峰頂岩石歷經700萬年，因此被認為已經熄滅。墨爾本山（高2,732公尺）位於北維多利亞地羅斯海岸的中段，山頂附近蒸氣的氣孔和溫熱的泥塊證明此處有火山活動的跡象。生存在這個溫暖環境中的藻類和細菌，適應力極強，這裡被列為特別保護區之故，因此受到《南極公約》的規範保護。在附近的特拉諾瓦灣，有一座義大利科學研究站。墨爾本山還以山底下皇帝企鵝在海冰上築巢而聞名。

在南緯78度的麥克默多灣裡有一群古老火山，包括發現山、莫寧山以及羅斯島上的恐怖山和特拉諾瓦山（Terra Nova）。伊里布斯峰高3,794公尺，聳立於羅斯島中心，是南極最著名的火山。與周圍那些古老的眠火山不同，伊里布斯峰一直處於活躍期，並且有一個泛著漩渦、永不乾涸的火山湖（世界上僅有的幾個之一）。它每天會不定期地噴發幾次，將熔漿彈射向高空。

一百年前的1908年3月，歐內斯特·沙克爾頓率領英國南極探險隊的地質隊員們首次登上了伊里布斯峰。自從這種冒險與科研相結合的模式出現以後，伊里布斯峰一直吸引著眾多的登山家與科學團體。1970年代中期以來，隨著後勤支援的完善，人們能從事更細微的科研工作。每年夏天，許多專業團隊包含專門研究山頂氣孔噴出物成分的地球化學家，在火山口附近展開科研工作。在距離紐西蘭史考特基地和美國麥克默多站50公里以外的火山口邊緣，人們設置地震儀以傳送資訊，遠端監控地震活動。植物學家也將山頂周邊高溫土壤中所發現的繁茂植物予以分類。

自從詹姆斯·克拉克·羅斯爵士於1842年駕駛「伊里布斯號」與「恐怖號」進入羅斯海以來，南極火山為科學家們帶來許多難題。如今，在羅斯探險航行後的166年，我們開始拼湊出這些地質謎題的解答。無論在亞南極的週邊區域，還是在羅斯海的中心，南極火山繼續佔滿我們的想像空間。在冰與火的交融下，這片大陸依舊神秘而美麗。

The
Volcanoes
of the
Antarctic

頁174-175：伊里布斯峰頂端風雲變幻。巴恩（Barne）冰河從伊里布斯峰流入麥克默多灣。

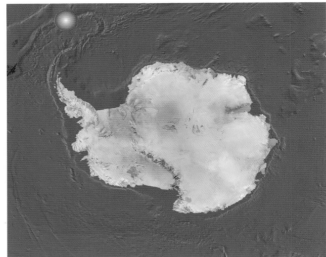

頁176上：圖為斯通內斯灣（Stromness Bay）。它和附近的利斯灣（Leith Bay）、胡斯維克灣（Husvik Bay）各有一座挪威捕鯨站，這些捕鯨站建於二十世紀初期。

頁176-177：高聳於沙勒普灣（Shallop Cove）上的康寧漢山（Mt. Cunningham），位於南喬治亞島偏遠的西南海岸，山頂為積雪所覆蓋。

頁177右：山峰沿著南喬治亞島的山脊依次排開，壯美而恢弘。這裡冰河無數，多半流入海中。

南喬治亞島
South Georgia

南喬治亞島是極地世界裡最美的島嶼。積雪覆蓋的白色山巔、宛若翡翠的綠色海灣、幽藍的冰河，構成一處絕妙的野生動植物聖地。它是風雨飄搖的南冰洋中一座「綠洲」。數不盡的海豹、企鵝以及處於繁殖期的海鳥，包括強壯的信天翁，都在這裡安居，還有挪威捕鯨人士引進的成群馴鹿在島上奔馳。雖然南喬治亞島具備亞南極島嶼的特色，但實際上它卻屬於南極洲，因為它位於南極輻合帶的南方。在輻合帶，低溫的南冰洋海水會流到較溫暖的中緯度海水之下。沙克爾頓爵士還將南喬治亞島稱為「南極通道」。

這座島孤獨地漂流在南大西洋，島上諸峰嚴冰深結，經常烏雲罩頂。寒風陣陣，雲霧冰冷地劃過那些陡峭而滿是裂紋的冰河。冰瀑墜入港灣和峽灣，化為冰山和海冰形成堵塞。風暴是南喬治亞島的常客，它像不速之客，以颶風般的力道重創海岸線，令人不知所措。風力是如此迅速強勁，人不但無法辨認方向，還會輕易被吹走；它甚至損毀營地，使拖錨的船隻擱淺。然而轉瞬間一片死寂，一副天下太平模樣，真令人費解。登山家、船員、科學家和遊客無不對南喬治亞島敬畏三分。

這座島從南冰洋中陡然崛起，荒蕪而孤絕。你買不到往南喬治亞島的機票，或去期待任何救援，因此會駕船來到這裡的人不是感到莫大的興奮，就是懷有深沉的歷史使命感，並且期待去親近那些對人類毫無戒心的野生世界。在海岸周圍，你所能想像最可愛、最誇張的野生動植物都齊聚一堂。站在一群喧鬧擁擠的國王企鵝和牠們棕色毛絨絨的幼子面前，那種體驗真是無與倫比。假如你逐浪而來登上岸邊，你還能見到守在這裡的海狗和長相粗鄙的象海豹，在滿是卵石和碎渣的道路上笨重而緩慢地挪動著。海岸上空，烏信天翁（*Phoebetria fusca*）整齊劃一地越過懸崖，「嘩嘩啊啊」的鳴叫聲在天際此起彼落。漂泊信天翁是最偉大的長途飛行員，也願意以此為家。在南喬治亞島這些野生動植物旁邊靜靜安坐，是大自然給予人類最大的恩典之一。

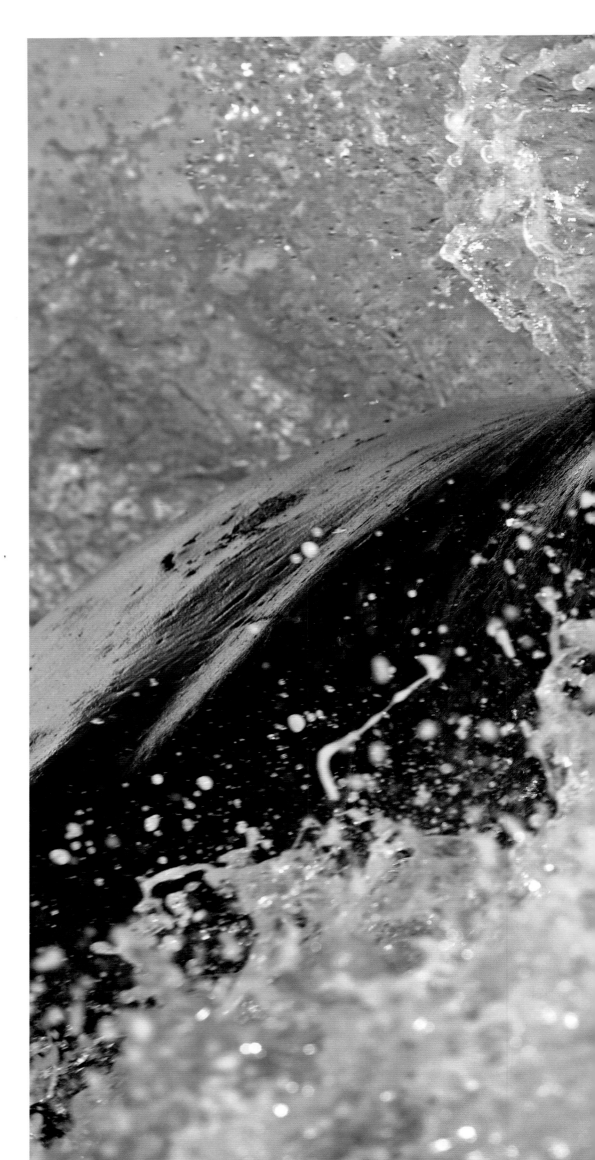

頁178-179：一隻雄性象海豹在海上度過了漫漫長冬後衝進水裡，向南喬治亞島的海灘破浪而去。

頁 180 及 181：大地回春，一場搶奪配偶的惡性爭鬥在雄性象海豹之間爆發。牠們的圓鼻子和佈滿褶皺的頸部往往因而受到重創。

South Georgia

South Georgia

頁182、頁182-183及頁183上：南喬治亞島上的南極海狗曾一度遭到獵殺，幾近滅絕。如今海狗的數量已恢復，但由於行動敏捷的海狗極具攻擊性，使得人們登岸非常困難。

South Georgia

距離南喬治亞島最近的福克蘭群島（Falkland Islands，譯者注：阿根廷稱其為馬維娜斯群島 Islas Malvinas），位於其西方1,400公里處，而只有橫渡風狂雨暴的南冰洋才能抵達的南極大陸，則坐落在其南方約1,500公里處。

這座島嶼形似一彎新月，大概有170公里長，30公里寬。島上秀峰林立，高2,934公尺的帕吉特峰（Mt. Paget）是令人敬畏的阿拉代斯山脈（Allardyce Range）最高峰和最耀眼的景致。這裡超過2,000公尺的山峰有12座，其中一些坐落在迷人的薩爾韋森山脈（Salvesen Range）上。南喬治亞島連同附近的南奧克尼群島、南桑威奇群島活火山群一起，構成了斯科細亞島弧。斯科細亞島弧是一條巨大的海底山脈，從南極半島向東北方向逶迤而去。

雖然早在1675年人們就發現南喬治亞島，但卻是在1775年，庫克船長登陸後才將其命名為喬治王三世島（King George Ⅲ Island）。然而，當時他發現那只是一座島而非期望中的南方大陸一角時，他非常失望。然而，正是庫克的報告，導致英國和美國的海豹捕獵船駛往南喬治亞島和南昔得蘭群島，而非南極半島。自1788年開始短短40年間，這些入侵者大肆屠殺海狗，使其幾近滅絕，至少有100萬張獸皮的產量。如今，海狗的數量已經回復至250萬，甚至超過了原先的數量。現在卻因為海狗會捍衛自己的地盤，而使許多海灘幾乎難以登陸。由於繁殖地越發擁擠，壓力與日俱增，海豹爬向海岸高處另覓居所，卻給草叢植被帶來嚴重損害。靜坐在南喬治亞島海岸，看著成群的海狗寶寶歡騰跳躍，或在佈滿巨大海草的岩石上嬉戲，內心充滿無限喜悅。

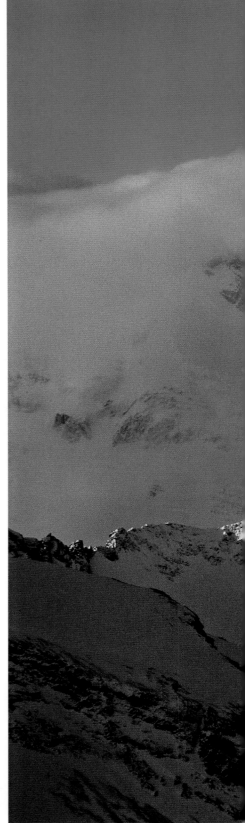

頁184左及頁185上：巍峨俊美的山巒聳立在南喬治亞島北岸的聖安竹斯灣（St. Andrews Bay）上。該灣以擁有龐大的國王企鵝巢地而聞名。

頁184-185：晨曦照亮了格力維肯（Grytviken）附近高2,325公尺的舒格托普山（Mt. Sugartop）。因為拜登山考察之賜，有越來越多經驗豐富的遊艇船員來到南喬治亞島諸峰山下。這些山大多數都還沒有人爬過。

頁186上：格力維肯捕鯨站現已被拆除，人們還採取了預防措施，以避免捕鯨站中的石油和石棉產生任何污染。英國人在這裡建造了一座宏偉精緻的博物館，同時還建立了愛德華王角（King Edward Point）科研站。

South Georgia

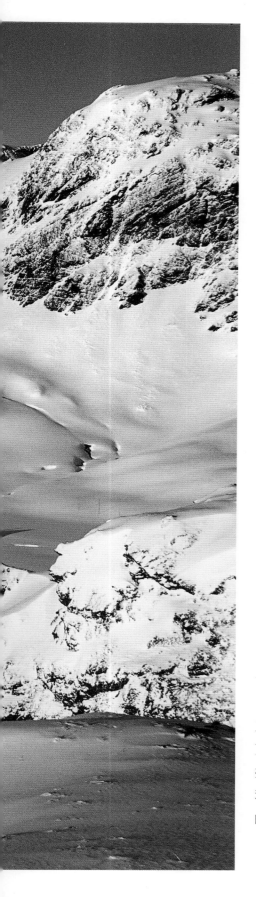

　　然而，從1904一直到1965年，發生在南喬治亞島周邊海域的捕鯨行為，使該島舉世矚目。二十世紀早期，在海濱北岸那片背風的無冰海灣，建了6座龐大的挪威捕鯨站。在此期間，被屠殺並加工處理的藍鯨（*Balaenoptera musculus*）和其他大型鯨魚的數量，多到讓人難以置信。人們熱切地尋求珍貴的鯨油來製作油燈、潤滑劑以及食物材料，比如人造奶油。光1925年一整年，就約有5,700隻長鬚鯨（*Balaenoptera physalus*）和3,700隻藍鯨被屠殺。現在，只有日本人還繼續在南冰洋深海區限量捕殺小鬚鯨，而坐落在南喬治亞島的捕鯨基地早已棄置，徒留斑斑鏽跡。格力維肯捕鯨站的大部分裝置已拆除，而石棉及廢油則被掩埋或移走。如今的格力維肯建了一座精美的博物館，不僅詳細記錄了南喬治亞島豐富多樣的植物和動物群，還記載了關於此島的探險、捕鯨、登山以及科研的歷史。

　　南喬治亞島永遠都和英國南極探險家歐內斯特‧沙克爾頓爵士聯想在一起。1916年，沙克爾頓穿越南極的探險船「持久號」在威德爾海擱淺，船員僥倖存活下來，沙克爾頓則駕駛救生艇前往南喬治亞尋求救援，成為南極探險的壯麗史詩之一，並且傳頌至今。1922年，沙克爾頓在格力維肯辭世，長眠於捕鯨者墓園。如今，南喬治亞島吸引了很多訪客，他們熱切地渴望能到這兒的野外參觀，或爬上山頂，只為了向沙克爾頓聊表敬意——緬懷先鋒一路從哈康王灣穿越島嶼之心，直達斯通內斯灣捕鯨站。

　　1982年，一支阿根廷軍隊入侵南喬治亞島，引發了一場短暫卻血腥的戰爭，致使位於愛德華王角（接近格力維肯）的英國南極調查科研基地工作嚴重受阻。由於戰場主要是在福克蘭群島上，故稱福克蘭群島戰爭。南喬治亞島不幸成為南極洲唯一直接捲入戰爭的地區。現在，南喬治亞島由南喬治亞和南桑威奇政府管理，政府總部則位於福克蘭群島的首府史坦利港（Port Stanley）。

頁186-187：阿拉代斯山脈在地平線上熠熠生輝，而最近的一場降雪則將荒廢的挪威格力維肯捕鯨站完全覆蓋。

頁187上：在一座破舊的捕鯨站中，一隻南極海狗趴在生鏽的油桶上張望。

頁187下：如今捕鯨時代已告結束，一艘廢棄的捕鯨艇擱淺在格力維肯岸邊。

頁188及189：南喬治亞島的東北海岸以擁有國王企鵝的大型巢地著稱，諸如聖安竹斯灣、沙利斯柏立平原（Salisbury Plain）、皇家灣（Royal Bay）及露脊鯨灣（Right Whale Bay）等處。國王企鵝的羽毛非常華麗，體型比皇帝企鵝略小，姿態古怪滑稽。

頁190-191：成群的國王企鵝擠爆黃金港的巢地。國王企鵝雄性和雌性的羽毛十分相似，幾乎無法辨認。國王企鵝的繁育期特別長，有18個月之久。也就是說，幾乎總是有小企鵝會在巢地內搖搖擺擺地走來走去。

South Georgia

　　當南喬治亞島的高山景致配上豐沛的野生物種多樣性，簡直是無懈可擊。這裡聚集了大量的國王企鵝，在群島灣（Bay of Isles）約有40,000對、聖安竹斯灣約有39,000對，而在皇家灣則約有9,000對。不論哪個區域中的國王企鵝巨型巢地都會令到訪者情緒激昂、目眩神迷。

　　國王企鵝的繁育期十分獨特，長達18個月。所以，總能見到胖胖的國王企鵝幼子（海豹捕獵者稱牠們「絨毛娃娃」）在巢地中擠作一團。當成年企鵝帶著魚或磷蝦從海上歸來時，這些小傢伙們立即爭相上前討食。國王企鵝的巢地熱鬧非凡，並且泥濘不堪。因此，當看到一群群成年企鵝避開幼子來到海灘，在海浪中沖洗並打理自己的羽毛時，真覺得奇妙。與來自南極洲中心地帶那位著名的表親——皇帝企鵝相比，國王企鵝體型稍小，體重略輕。儘管如此，國王企鵝卻憑著脖子上那一圈耀眼奪目的橘黃色羽毛，成為16種企鵝中最傲人、最吸睛的品種。

South Georgia

頁192左：一隻國王企鵝以反芻的形式，將魷魚漿和磷蝦漿注入孩子的口中。

頁192-193：在露脊鯨灣的巢地上，長出一層棕色柔軟細毛的企鵝寶寶們擠成一片。

頁193上：一隻胖如油桶的企鵝寶寶仆倒在露脊鯨灣的雪地上。

頁194-195：南喬治亞島以風勢強勁著稱，一場暴風雪幾乎將聖安竹斯灣的國王企鵝全數掩埋。

頁 196-197：一隻孤單的巴布亞企鵝返回海中去尋找磷蝦。巴布亞企鵝是「硬尾」種類中最不具攻擊性的。「硬尾」種還包括煩躁好鬥的阿德利企鵝和南極企鵝。之所以被稱為硬尾，是因為尾部羽毛堅硬。這樣的尾部羽毛在陸地上可以用來保持平衡，游泳時還能當做船舵。

頁 197右：巴布亞企鵝漫步在南喬治亞島的海灘上。

　　南喬治亞島還分佈著南極企鵝、巴布亞企鵝和長冠企鵝的巢地。儘管這些企鵝通常都會選擇雜草叢生的陡峭地面繁衍，但有時也會在懸崖的邊緣落腳。長冠企鵝數量居世界之冠，約有900萬隻。在極地附近的許多亞南極島嶼上隨處可見，而南喬治亞島則可能是最大的繁殖地。較之跳岩企鵝，長冠企鵝體重更重，也更高大些。跳岩企鵝通常與福克蘭群島關係更密切，牠們濃密的黃眉毛成為一種絕佳的羽飾，顯得滑稽可笑，倒與其源於民間歌謠「洋基歌」（Yankee Doodle）的名字很合。

South Georgia

南喬治亞島上，除了滑稽可愛的企鵝外，還有很多其他的海鳥，比如海燕、鸕鷀、賊鷗、燕鷗和南喬治亞針尾鴨（*Anas georgica georgica*）。然而，只有優雅的信天翁脫穎而出，成為這個舞臺真正的明星。黑眉信天翁（*Thalassarche melanophris*）、灰頭信天翁（*Thalassarche chrysostoma*）和烏信天翁（*Phoebetria fusca*）文靜安詳，略顯孤傲，擁有絕美羽翼，即使處在最艱難的環境，依然是優雅強勁的飛天行者。

讓漂泊信天翁引以為傲的，是既有魁偉的身軀——展翼時可達2.5至3.5公尺、重6到11公斤，也具有遠距離飛行的能力，這種能力足以讓牠們飛越南冰洋去尋找主食——魷魚。漂泊信天翁已有好幾次在南緯區域環球飛行的記錄，其中一次是9星期飛越25,000公里。牠們飛越浩瀚的大海，尋找其中小如星點的陸地，如南喬治亞島。這樣的能力（涉及太陽、星星和磁力線）讓人難以理解，且印象深刻。

延繩釣魚技術的應用，導致大量的信天翁溺死，因而面臨生存的威脅。

悲慘的是，如果一隻成年信天翁死去，那麼牠的配偶將無法為巢中嗷嗷待哺的幼鳥帶回足夠的食物，會有更多的生命因此而逝。

如今，南喬治亞島所有的鳥類和動物均被全面保護。當地捕魚業的運作也受到嚴密監控，從而將信天翁族群所受的影響降至最低，並杜絕濫捕亂殺的現象發生。人們為南喬治亞島未來的科研項目、捕魚和旅遊制定了和諧共存的管理計畫，並將嚴格施行，以確保這座珍貴的島嶼永遠壯麗完美。

頁198上：普賴恩島（Prion Island）位於南喬治亞島北部海岸的不遠處，草木繁茂。一隻尚在幼年的漂泊信天翁在這裡伸展自己羽毛未豐的翅膀。

頁198下：一隻極具侵略性的南極賊鷗（*Stercorarius antarcticus*）以企鵝寶寶為食，牠們之間也會為了搶食企鵝蛋、企鵝幼子及海豹胎衣而爭吵。

頁199：在普賴恩島，一襲黑衣的烏信天翁把巢穴建在群居地，並在寬敞的巢裡產下一顆蛋。

頁200-201：南喬治亞島海角上空形成的莢狀雲（Lenticular clouds），顯示著島上的諸峰正面臨一場風暴。

福克蘭群島
The Falkland Islands

在一本關於南極的書中談論福克蘭群島似乎蠻怪的，尤其是這些半歸英國政府管理的島上還住著牧羊人、50萬隻羊、漁夫和軍事人員。福克蘭群島的首府位於史坦利，那裡有一座大教堂，人口大約2000人，占總人口數的三分之二。其他的福克蘭居民則住在小聚落，或是住在鄉下所謂的「營區」。1982年，由於阿根廷與英國在此辛苦對戰2個月，福克蘭群島因此成為世界關注的焦點。戰爭還波及通往南極的要道——南喬治亞島。儘管這片美麗群島坐落在南大西洋的末端，實質上卻與那些佇立在南冰洋邊緣的島嶼一樣，同屬亞南極地區。福克蘭群島位於南緯51度，與布韋島、赫德島及奧克蘭群島（Auckland Islands）大略處於同一緯度。毫無疑問，福克蘭群島上的巢地生意盎然。這裡有麥哲倫企鵝（*Spheniscus magellanicus*）、巴布亞企鵝、跳岩企鵝的居所，還有國王企鵝的小型繁殖地，其他像是黑眉信天翁的海鳥們也在這裡築巢，這裡是野生動植物的絕美天堂。

由於福克蘭群島位於前往合恩角的航道上，所以自1660年至十八世紀早期，從荷蘭、西班牙和法國的航海探險家的報告中都記載著曾一睹福克蘭群島芳容。然而，人們卻認為最早發現福克蘭群島的是一艘1592年出航的英國船。從對合恩角的探險開始，群島崎嶇不平的海岸線便開始有罹難船隻的殘骸，有證據顯示，人類極有可能在更早的時期駕著獨木舟從火地群島（Tierra del Fuego）抵達福克蘭群島。在這裡還發現了一種類似狐狸的狗，即南極狼（*Dusicyon australis*，現已滅絕），也可以作為人類曾在早期抵達該地的一個證據。另一種可能是，在上一個冰河時代，人類通過陸橋首次抵達這裡並定居下來。

福克蘭群島坐落於較低陷的巴塔哥尼亞（Patagonian）大陸棚邊緣，分為兩大主島——西福克蘭和東福克蘭，另有約700座週邊小島，陸地總面積達12,000平方公里。東福克蘭最高峰尤斯伯恩山（Mt. Usborne），聳起於泥沼平原之上，高705公尺。阿根廷的巴塔哥尼亞海岸位於群島以西482公里處，南喬治亞島則坐落在群島以東1,110公里處，中間還隔著一片遼闊海域。與其他亞南極島嶼不同的是，人們能從英國和智利搭機前往福克蘭群島。英國南極調查所（一度被稱為福克蘭群島屬地調查所）可以駕駛補給飛機從史坦利機場起飛，沿南極半島山脊一路前行，降落在阿德萊德島上調查所的羅瑟拉（Rothera）基地。毫無疑問，福克蘭群島是前往南極的重要通道。

人們理所當然地認為，福克蘭群島是觀測某類企鵝或海鳥的最佳地點之一。隨著牧羊業的日漸衰退，群島周邊的捕魚業和油氣勘探業開始崛起，生態旅遊業亦方興未艾。現在，有許多鳥類學家、攝影師和畫家來到福克蘭群島，或憩居鄉野領略野外生活，或航行海上探訪南極半島和南喬治亞島。許多島嶼，如松德斯島、海獅島（Sea Lion Island）以及新島（New Island）都歸屬私人所有，原來的農民變身為熱衷的自然資源保護主義者，極力保護著那些在他們土地邊緣繁衍的生物。同時，與之相應的環境制度也被嚴格制定並實施。

福克蘭群島擁有各式各樣植物和鳥類的棲息地，有空曠的沙丘，亦有遍佈潮濕泥炭的沼澤高地。人們如今仍會挖掘、燃燒泥炭來供作家庭取暖之用。海岸周邊聚集了大片茂密且高達1.8公尺的叢生草（*Poa flabellate*），其中某些沒有過度放牧的地區，甚至能長到3至4公尺高。叢生草底部為許多鳥類提供完美的築巢藏身之所，諸如麥哲倫企鵝、鋸鸌（*Pachyptila*）、大水薙（Procellariidae）和海燕。其他如鷦鷯（Troglodytidae）、雀和鶇（Turdidae）等燕雀類，或是條紋卡拉鷹（*Phalcoboenus australis*）、

頁202-203：比佛島（Beaver Island）為私人擁有，算是福克蘭群島的一部分，海角高低不平、粗糙崎嶇，海灘上狂風席捲，是該群島的典型代表。

頁203上：福克蘭群島處於南大西洋和南冰洋之間，因此常常遭受暴風巨浪的侵襲。

頁204-205：在福克蘭群島的海灘上，巴布亞企鵝面臨暴風驟雨仍屹立不搖。

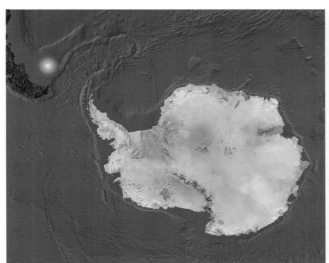

頁206左及頁206-207：巴布亞企鵝跳過海藻區，乘風破浪來到岸邊巢地。巴布亞企鵝之所以易於辨認，因為具有與眾不同的橙色鳥喙和白色小帽羽。牠們通常分佈在福克蘭群島，也會選擇在南喬治亞島及南極半島的西部邊緣地帶繁育後代。

The Falkland
Islands

頁208左及頁208-209：巴布亞企鵝踏浪而來。波浪日復一日地拍打著福克蘭群島岸邊的黃色沙灘，要衝破浪潮回到巢地，巴布亞企鵝可是經驗老到。企鵝的胸骨堅硬，可以抵禦海浪和岸岩的衝擊。

頁210左：條紋卡拉鷹（又稱 Johnny Rooks）在信天翁和企鵝的巢地周圍盤旋，伺機捕食弱小的幼鳥。

頁210-211：在福克蘭群島典型海灘上的一片岩石岬，有一個藍眼鸕鷀的巢地。

The
Falkland
Islands

頁212-213：一隻跳岩企鵝成鳥站在布幹維爾角（Cape Bougain-
ville）的草叢中。布幹維爾角位於東福克蘭，隸屬於福克蘭群島。
跳岩企鵝通常在雜草茂盛的陡坡上聚群而居，並樂與信天翁和鸕鶿
為鄰。

紅頭美洲鷲（*Cathartes aura*）、短耳鴞（*Asio flam-meus*）等掠食性鳥類，以及包括白草雁（*Chloephaga hybrida*）、不能飛的船鴨（*Tachyeres brachypterus*）等沿岸海鳥，也依靠叢生草來獲得庇護，尤其當盛行西風不斷重創時。有少數鯨類生活在環島海域中，另有數種海豚，如康氏矮海豚（*Cephalorhynchus commersonii*）和皮氏斑紋海豚（*Lagenorhynchus australis*）則經常在近海水道中嬉戲。在遠離海岸的海域中，沙漏斑紋海豚（*Lagenorhynchus cruciger*）、長肢領航鯨（*Globicephela melas*）、虎鯨和抹香鯨（*Physeter macrocephalus*）經常出沒。

象海豹是一種身軀龐大、可以遠渡重洋的海洋哺乳動物，喜歡在海灘上拖曳著沉重的身軀行走，去泥裡或叢生草茂盛的沙丘中尋個打滾的地方。在溫暖的夏日，象海豹常常會聚在粗獷原始的沙

灘上酣然大睡，或偶爾將沙子擲到正在蛻皮的後背皮膚上，以保持清涼舒爽。一群光彩奪目的高地鵝（*Chloephaga picta*）以一種高傲的姿態在象海豹的身邊悠閒漫步，似乎一點兒也不在乎二者之間身形與體重的巨大差異。黑白條紋相間的麥哲倫企鵝一路搖擺前行。當牠們走到海豹身邊的時候，就伸長脖子，不甘示弱地在海豹耳邊大聲鳴叫，其聲若驢，因此麥哲倫企鵝常被稱為驢子。

南美海獅謹慎而冷漠，對人類和其他動物均懷有戒心。牠們也棲居在這些荒僻的海灘上以及懸崖下長滿了海帶的突岩上。魁偉的雄海獅極具攻擊性，特別是當地的一干妻妾正在哺育可愛的肥寶寶時，雄海獅的保護慾會更強。一隻跳岩企鵝試圖穿越波濤到達對岸的崖邊，卻遭到海獅追殺，這一場生死拼鬥可是考驗雙方的能耐及敏捷度，精采絕倫。憑著鵝多勢眾和迅速敏捷，一群又一群的企鵝穿過海帶，沖上海岸。每一隻企鵝都瘋狂地拍打著前肢，爭先恐後想攀上岩石，以躲避海獅兇猛的撕咬。大多數企鵝以這種方式上岸後，就開始了一場艱難的攀爬，躍過重重關卡，走向懸崖上的家園和嗷嗷待哺的幼雛。

引人矚目的是，跳岩企鵝的居所竟與數千隻黑眉信天翁的巢穴完美地融合在一起。巢穴與巢穴之間保持著適當的距離，以便牠們往來餵哺幼子時不會侵擾其他的族群。黑眉信天翁將泥巴與乾草混合，建造了一個高30公分的基座。基座呈現碟形，以便信天翁蹲下來孵蛋時，熱量能聚攏在蛋的周圍。跳岩企鵝的巢比較低，是由泥巴、羽毛和草構成的，匆忙中裡頭有時還會夾雜少許的石頭。與信天翁不同的是，跳岩企鵝通常有兩隻幼鳥。雖然為了去大海覓食，跳岩企鵝每天都不得不在懸崖上跳上跳下，但是這所有的辛苦都是值得的。因為牠們位於懸崖頂端的巢，不僅排水性好，還能遠離巨浪衝擊，非常安全。對於威風凜凜的信天翁來說，飛行以及操控絕對少不了風力這項最基本的要素。當然，信天翁為了要展翅高飛，崖頂當然是首選，甚

頁214左：在返回海中度過嚴冬前，象海豹寶寶在夏日溫暖的陽光下悠閒小睡。

頁214-215：夏日的海獅島上，一隻雄性象海豹在蛻皮時躺在其他海豹打過滾的地方。

至還能借助強勁風勢一飛沖天。

由於福克蘭群島的動物沒有經歷過殘忍的殺戮，至少牠們對人類仍存有極大的信任感，並沒有將人類視為捕殺者。與在南極洲一樣幸運的是，你也能靜坐在福克蘭群島的海灘上，看著一群企鵝從身邊搖擺而過，平靜自如，完全沒意識到你的存在。因此，無論付出多大代價，人們都應該要細心維護這段彌足珍貴的友好關係。

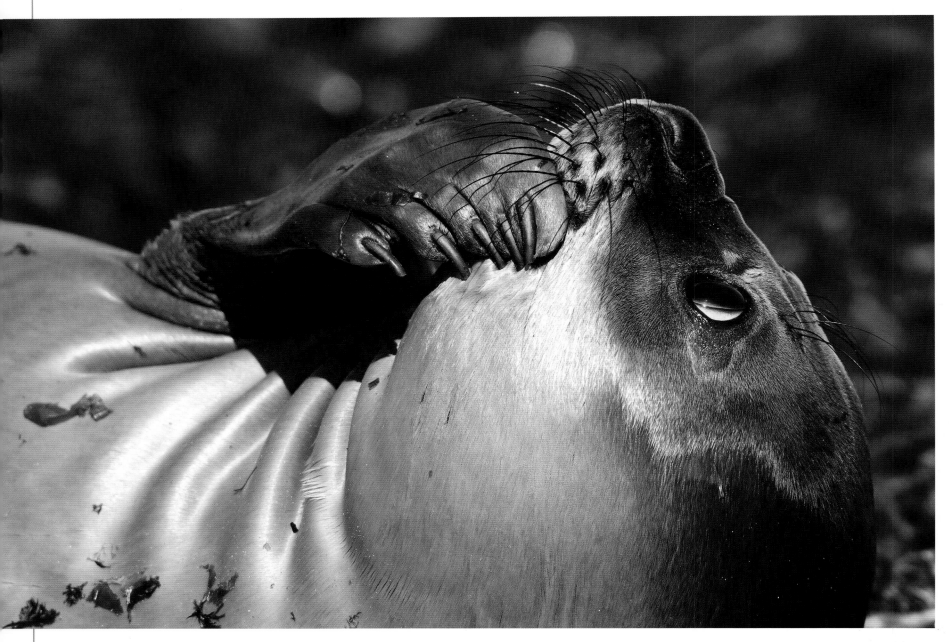

頁216及頁217：海獅島上，一隻小象海豹慵懶地打呵欠。由於母親的乳汁含有極豐富的脂肪，小象海豹的成長迅速。等夏日接近尾聲，小象海豹已經變得夠強壯，能返回海中安度嚴冬，直到下一個春天再重返岸邊。

頁218-219：麥哲倫企鵝到岸上築巢。草叢下的沙地裡是牠們深掘的洞穴。麥哲倫企鵝會發出酷似驢叫的刺耳尖叫聲。

頁220左及頁220-221：黑眉信天翁帶著捕到的魷魚歸來，餵食那些還在由泥巴和乾草混合築成的巢穴裡嗷嗷待哺的幼鳥。

頁 222 及頁 223：黑眉信天翁的巢地為數眾多，遍及福克蘭群島。這些鳥會橫越南冰洋，到很遠的地方捕食魷魚。然而，由於群島周邊捕魚業的擴展，許多黑眉信天翁因被誤捕而喪生。

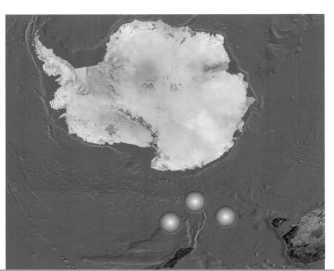

頁224上：坎貝爾島清風吹拂的西南岸，雛菊（*Pleurophyllum speciosun*）正在盛開。

頁224-225：坎貝爾島西海岸的馬鞍狀凹谷（Col-Azimuth Saddle）在暴風雨的猛烈衝擊下，呈現出複雜的地質岩層。近些年來，在紐西蘭政府的大力治理下，大多數亞南極島嶼鼠類絕跡，從而減少了海鳥們在安置幼鳥時遭遇到的危險威脅。至今在坎貝爾島上依然有野豬存在。

紐西蘭亞南極群島
The New Zealand Subantarctic Islands

孤絕、粗獷、暴風肆虐，然而又美得令人窒息，坐落於紐西蘭南部的五座亞南極群島，生態極其脆弱，如今已被嚴密地保護。這裡是許多動植物的家園。它們都是當地的本土物種，僅存在於風雨飄搖的南冰洋邊緣。與許多其他的亞南極群島不同，紐西蘭群島上沒有經年不消的冰雪，亦沒有冰河。

這五座群島分別是斯納爾斯群島（Snares Islands）、奧克蘭群島、對蹠群島（Antipodes Islands）、邦蒂群島（Bounty Islands）、坎貝爾島，在1998年全被列為世界遺產，紐西蘭環保部負責確保這些島嶼的永久保存。它們也被列為國家自然保護區，擁有紐西蘭最高規格管控。所有的到訪者，無論是科學家或遊客，都要由一位環保部代表陪同前往，其行動處於嚴密的監管之下，並要遵守非常嚴格的最低限度影響法規。這一連串島嶼與世界遺產地——紐西蘭南島的整個西南海岸（毛利文：Te Wahipounamu）緊密相連。其西面最近的鄰居是澳洲的麥加里島——另一座被定為世界遺產的亞南極島嶼。聯合國環境署（The United Nations Environment Program）並將紐西蘭所屬的亞南極群島喻為「是所有亞南極群島中，樣貌最為豐富、也最為遼闊的」。

五座群島中最靠北的是斯納爾斯群島。它位於南緯47度，屬於「咆哮40度」地帶，坐落在斯圖爾特島（Stewart Island）西南方約100公里處，是紐西蘭三大島中最小的一座。五座群島中最南的坎貝爾島，位於南緯52度。由於坎貝爾島擁有全年運作（現已關閉）的科研站，也可能是五座群島中最有名氣的一座。這裡低溫、潮濕且多風，處於「怒吼50度」（Furious Fifties）地帶，並飽受南冰洋最狂暴天氣的摧殘。

截至目前為止，所有島嶼都無人居住。人們曾經嘗試在此農耕，建立毛利人定居點，卻以失敗告終。貪婪的海豹捕獵船和捕鯨船也經常在此出沒。1842年，詹姆斯‧克拉克‧羅斯來訪此處，當時他已經在南極的更南端完成了卓越的探險。在過去200年間，這條崎嶇的海岸線目睹許多船隻往來，而那些受困船員的求生故事亦成為不朽傳奇。一名遇難船上的水手在1864年描述了他在亞南極避難的經歷：無盡的狂風、持續的冰雹、暴雪以及傾盆大雨。這是他生命中最悲慘的經歷，勝過他在南冰洋的其他地方的經歷，甚至還包括讓人喪膽的合恩角附近。島上一度貯存著許多緊急求生用食物，但是現在盡可能以一種原生態的方式來提供。所有的野生綿羊、山羊、兔子和牛都已經被有系統的進行搬遷。近些年，環保部完成了一項艱鉅任務，即消滅所有的有害物種，諸如鼠、貓這類極有可能會大舉摧殺藏身於洞穴的海鳥的動物。紐西蘭亞南極地區以聚集大量海鳥聞名，至少有40種鳥類在此繁殖棲息。群島坐落在南極輻合帶以北。輻合帶的生物豐富多樣，因為南冰洋寒冷幽深、富含滋養物的水流與坎貝爾高原溫暖淺層的水流相交融，這表示群島周圍的海域蘊含著豐富的食物源。海鳥將牠們的島上家園作為基地，直飛大海尋找磷蝦和魷魚，並將獵物帶回餵養自己的幼雛。

這片水域中存在著大量浮游的有鰭魚類和魷魚，捕魚業因此蓬勃發展。目前紐西蘭巡邏船與飛機對捕魚業正進行嚴密監控。紐西蘭經濟海域環繞在群島周圍，綿延370公里，是世界上最廣闊的經濟海域之一。儘管如此，在過去10年間，信天翁和海獅因延繩釣法或拖網遭到誤捕而發生不幸，因此造成極大困擾並引發巨大爭議，某些種類的信天翁族群數量甚至急遽下降。2003年，在加強保護的意念之下，宣佈將海岸線外22公里的海域劃為海洋自然保護區，為所有生物打造一個安全的港灣。

頁226：坎貝爾島的斯穆斯沃特灣（Smoothwater Bay）有一群跳岩企鵝站在瀑布下的大卵石上。跳岩企鵝在南極洲周邊的許多亞南極島嶼上繁育後代，從福克蘭群島、科羅捷特群島到麥加里島，到處可見牠們的身影。

頁227：象海豹的繁育地遍佈南極周邊的所有亞南極島嶼。此為生活在坎貝爾島上的象海豹，牠們繁育成功與否和食物來源的取得關係密不可分。即便是海洋溫度的細微變化，也會使象海豹的食物來源發生波動。

　　布勒氏信天翁（*Thalassarche bulleri*）擁有輕綿柔軟、煙灰色的羽毛，鳥嘴呈亮黃色。在眼睛四周柔美斑紋的反襯下，目光更顯兇狠驕傲而睥睨一切。這種高貴的動物有著自己獨具的魅力和穩重。在經歷了南冰洋長期的風吹雨打後，牠們仍優雅地歸來，在自己巢穴的基座台上著陸並歇息。這一切都在提醒我們，這些偉大的飛行家真是難能可貴。以此為家的信天翁有10種，而其中的5種——南方皇家信天翁（*Diomedea epomophora*）、白頂信天翁（*Thalassarche steadi*）、安提波第恩信天翁（*Diomedea antipodensis*）、黑眉信天翁（*Thalassarche impavida*，為坎貝爾島亞種）、吉布森飄泊信天翁（*Diomedea gibsoni*）只在這裡繁殖棲息。

　　這裡還有大約20種海燕、北方管鼻鸌（*Fulmarus glacialis*）、大水薙、鋸鸌。牠們整日在海中捕食，黃昏時分則成群地在空中盤旋，然後猛衝而下，到柔軟的泥炭土或樹根下的洞穴裡安歇。與信天翁一樣，這些鳥類也具有「管狀的鼻子」。鼻孔狀的管

頁228左：一隻布勒氏信天翁正在峭壁上查看築巢的可能地點。這座峭壁位於斯納爾斯群島的莫利莫克灣（Mollymawk Bay）。

頁228-229：一隻黑眉信天翁正在坎貝爾島的布林岩（Bull Rock）用魷魚餵養寶寶。

頁229上：一隻黑眉信天翁將巢穴建立在坎貝爾島的布林岩上。信天翁通常把巢築在懸崖之巔，這樣牠們就可以利用風和上升氣流來順勢起飛。一旦起飛，信天翁可以在空中滑翔好幾星期。即便是最微弱的氣流，也能支撐牠飛至南冰洋捕捉魷魚。

道長在嘴的頂端，可以將海水中的鹽分排出，這種本能對適應海上生活來說非常重要。

有4種企鵝會把巢穴隱藏在糾結的赫柏（Hebe）灌木叢，或彎曲的樹紫苑（Olearia）中。斯納爾斯島企鵝（*Eudyptes robustus*）和豎冠企鵝（*Eudyptes sclateri*）都是當地的本土物種。總括來說，在紐西蘭棲居的就有6種企鵝，算是世界上最多種類企鵝的家。這裡還有3種當地的鸕鶿亞種，以及15種特有的陸地鳥，比如1997年發現的坎貝爾島鷸（*Coenocorypha aucklandica perseverance*）和不會飛的坎貝爾島短頸野鴨（*Anas nesiotis*）。

亞南極群島的氣候一般都很惡劣。然而，斯納爾斯群島的氣候卻是其中最溫和的，平均溫度為攝氏11度，年降雨量1200公釐。與其他群島不同的是，斯納爾斯的降雪十分罕見，並且是唯一草木叢生的群島。島上有20種高等植物，包括稀少的紐西蘭大草本（Megaherb）在內，都是純本土物種。還有許多難得一見的苔蘚、地衣和真菌在此聚集。嬌小可愛的斯納爾斯島企鵝在被風扭曲的樹紫苑枝椏後探出身來，從堅硬的峭壁上跳水，穿過纖長盤繞的海帶並游向大海。黃昏時，令人驚豔的一幕便是見到成群的灰鸌（*Puffinus griseus*）在空中盤旋，一段時間後，驟然急降，衝過層層叢林，急匆匆地歸巢。牠們將許多枝葉拖回家，只為了要打造一個安樂窩。僅在斯納爾斯群島，就有600萬隻鸌鳥在此繁衍生息。

因為擁有最高峰雷納爾山（Mt. Raynal，高644公尺），奧克蘭群島成為5座群島中面積最大、海拔也最高的島嶼。主島約40公里長，島上還有兩座被叢生草覆蓋的古老火山。一些較小的離島如失望島（Disappointment）、亞當斯島（Adams）和恩德比島（Enderby），對野生動植物而言相當特

頁230-231：斯納爾斯島企鵝在斯納爾斯群島一塊岩石平臺上來回遊蕩，海帶隨波而動。這種世界上生長最快的植物，長長的葉片如同羽毛，將亞南極群島包圍起來。這座海底森林使得企鵝和海豹很難穿越它並游上岸。

別。亞當斯島和失望島上植被密佈的陡峭懸崖是信天翁的繁殖地，恩德比島則是珍貴的稀有本土動物胡克海獅（*Phocarctos hookeri*，如今被稱為紐西蘭海獅）的家園。這種海獅總數為12,000頭。晴朗的日子裡，恩德比的桑迪灣（Sandy Bay）綠波清澈、蔓草離離，一派田園牧歌裡才有的景象。誰會相信這裡竟是荒涼偏僻的亞南極島嶼，而非波利尼西亞（Polynesia）的熱帶島嶼！

一隻紅冠鸚鵡（*Cyanoramphus novaezelandiae*）從海灘後面一棵茂盛的拉塔樹（*Metrosideros umbellata*）中飛出，讓你有恍如置身熱帶的幻覺。而後4隻

差怯的黃眼企鵝步履蹣跚地經過，悄然消失在森林盡頭。在恩德比島南面的羅斯港（Port Ross），冬季會聚集一群南露脊鯨（*Eubalaena australis*）。鯨群在這座海灣裡悠游，交配繁殖並哺育後代。大約在800萬年前所發生的火山活動，對坎貝爾島的形成起了很大的作用。島上最高峰為哈尼山（Mt. Honey），高569公尺，屹立於如同峽灣入口的珀西維倫斯港（Perseverance Harbor）上方。除了科羅捷特群島擁有七種信天翁外，坎貝爾島擁有六種也比其他任何亞南極島嶼都來得多。雖然坎貝爾大海鳥（*Thalassarche impavida*，體型較小的信天翁都被統稱為大海鳥）是當地物種，然而坎貝爾島卻以南方皇家信天翁的主要繁殖地而聞名，牠們偏愛在地勢較高、開闊而長滿叢生草的斜坡上築巢。這裡是世界上最珍貴且最瀕臨滅絕的企鵝——黃眼企鵝的大本營，約有600對在此繁衍生息。

頁232：奧克蘭群島的恩德比島上，森林裡落了一地的拉塔花。

頁232-233：恩德比島上的拉塔森林（Rata Forest）繁花似錦，隱約可見遠處的奧克蘭島。

頁234-235：瀑布從懸谷上飛奔直下，墜入拉塔森林。這一段區域屬於麥克倫南灣（McLennan Inlet），是奧克蘭島的一部分。奧克蘭群島的地貌尤為崎嶇粗糙，懸崖陡峭、密林蔽道。樹木幾乎全為當地品種，嬌豔火紅的拉塔花就是一例。

頁235右：紅冠鸚鵡棲息在恩德比島上的拉塔森林。奧克蘭群島中至少有5座島嶼都能見到牠們的身影。與此同時，黃冠鸚鵡（Cyanoramphus auriceps）也在這裡安居。

The New Zealand Subantarctic Islands

上：在恩德比島上，一隻紐西蘭母海獅和牠尚未斷奶的寶寶。

頁 236-237：一隻母海獅正在坎貝爾島的珀西維倫斯灣與年輕的公海獅激烈地手鬥著。

頁237上：紐西蘭海獅寶寶在恩德比島上玩耍。紐西蘭海獅是紐西蘭亞南極群島的特有物種，然而近年來卻瀕臨滅絕，主要原因為海獅寶寶傷亡慘重。牠們或死於掉入坍塌的兔子洞（兔子已被滅絕），或受困於漁網中而溺斃。

頁238-239：一名潛水者與一頭南露脊鯨近距離接觸。南露脊鯨種群繞著極地分佈，幾乎遍及整個南冰洋。夏季，牠們會向南游到更冷的南極海域獵食。南露脊鯨對其他海洋動物都感到好奇且願意親近，比方說海豹等等。

上：在對蹠群島上，一隻豎冠企鵝守護著自己的幼雛。

頁240-241：一對豎冠企鵝站在鳥巢裡極目遠眺位於對蹠群島北岸的歐德－里斯（Orde-Lees）巢地。

群島的最東端坐落著荒僻遙遠、鮮有訪客的邦蒂群島和對蹠群島，它們都是狹小的花崗岩島嶼，迎著橫掃的暴雨，佇立在浩瀚的南冰洋中。繼續向東，下一座亞南極島群即為南極半島附近的南昔得蘭群島，離這裡至少有8000公里遠，要越過太平洋南端方可抵達。邦蒂群島是根據皇家船艦「邦蒂號」來命名的。這艘船是在船長威廉·布萊（William Bligh）指揮下，於1788年航行至此。對蹠群島沒有樹木，只有草叢覆蓋其上。邦蒂群島則幾乎沒有任何植被。布萊原本以為這裡是冰雪覆蓋的世界，然而目光所及，卻是滿地鳥糞。

對蹠群島和邦蒂群島與它們的大個子鄰居坎貝爾島和奧克蘭群島一樣，不斷遭受西風的侵襲。雖然人們得要費盡千辛萬苦才能上岸，那些偶爾到訪的科學家、自然資源保護主義者和遊客，關注的焦點還是在海鳥身上。安提波第恩信天翁成為最吸引人的一種，因為牠是分離自坎貝爾島吉布森漂泊信天翁的物種。兩隻小企鵝聲嘶力竭，似乎一直在爭鬥。很多的豎冠企鵝與跳岩企鵝都選擇在對蹠群島上大量的繁殖。對蹠群島上還生長一種當地特有的鸚鵡——長尾小鸚鵡（*Cyanoramphus unicolor*）。牠的羽毛呈現出一種獨特的翡翠綠，體型大於同樣在此棲居的紅冠鸚鵡。生活在邦蒂群島上的企鵝將巢地自由地安置在信天翁群的巢穴周圍，形成一種奇妙的共存，這或許是因為適合築巢的地點很少的緣故。岩石密佈的海岸線上，約有2萬隻的紐西蘭海狗（*Arctocephalus forsteri*）在此繁衍生息。與大多數的亞南極群島情況相同，這裡的海狗也因為成為珍貴的毛皮來源，而在十九世紀慘遭屠殺。然而幸運的是，到二十世紀時，海狗的數量已經恢復到原來的數量。

我們欣慰的是，在「咆哮40度」旁，保留著這樣一片亞南極群島體系，幾乎沒有受到人類侵擾。這些美妙的島嶼庇護著無數鳥類和動物，也是牠們的家園。在這裡，動物們不會畏懼人類，反而出於好奇的本能而願意接近人類。但願這股信任能永續長存。

頁241上：一對豎冠企鵝站在邦蒂群島的懸崖上。豎冠企鵝選擇在邦蒂群島和對蹠群島繁育後代，這裡共有約77,000對企鵝，分佈在3個主要巢地中。牠們主要的食物是磷蝦、魷魚及一些小魚。

頁242-243：黃眼企鵝羞澀膽怯，難以捉摸，藏身在恩德比島茂密的拉塔森林中。

The New Zealand Subantarctic Islands

頁244-245：黃昏時分，薩氏信天翁（*Thalassarche salvini*）一齊返回位於邦蒂群島中的普羅克勒梅申島（Proclamation Island）上擁擠喧囂的巢地。

頁245右：夕陽西下，一隻薩氏信天翁降落在邦蒂群島中的普羅克勒梅申島巢地上。這種美麗的海鳥非常善於遠洋飛行，所以牠們還會選擇在科羅捷特群島、斯納爾斯群島以及邦蒂群島的其他島嶼棲息。牠們用泥土、鳥糞或小岩石片建起了具有基座的巢穴。

麥加里島
Macquarie Island

隱藏在南緯54度的亞南極島嶼麥加里島，是另一塊看似被拋在浩瀚南冰洋中漂蕩的小陸地。寒冷、潮濕，經受著來自「狂暴50度」（Furious Fifties）的西風猛烈侵襲的麥加里島，坐落於塔斯馬尼亞東南方1,480公里處。這座島嶼被指定為自然保護區，目前由塔斯馬尼亞公園及野生生物管理局所管理，不過當地許多科學計畫是由基地位於荷巴特的澳洲南極部所管控。同時，就在島嶼周圍，當局也設立了海洋生物保護區，以保護那些喜歡在麥加里島繁殖、種類豐富的海洋生物。1977年，聯合國教科文組織宣佈麥加里島為生物圈保護區，成為其生物圈計畫的一部分。20年後的1997年，麥加里被列為聯合國教科文組織的世界遺產。

麥加里島除了渾然天成的美景之外，也引起了科學家的極大興趣。對於地質學家來說，這塊獨特的島嶼說明了海底岩層如何隆起至海平面以上，形成在大洋中心的乾燥陸地。約70萬年前，由於澳洲板塊和太平洋板塊相互碰撞，迫使麥加里島自海底隆起。這座島嶼從未與任何大陸接壤。它最相近的鄰居，是紐西蘭的坎貝爾島。正是因為這種獨特的地質，使得麥加里贏得了世界遺產的地位。

生物學家也來到麥加里，並利用一座緊依著島嶼最北端狹長陸地、全年運作的基地進行研究。當島嶼不斷受暴風雨侵襲的時候，巨大的波浪沖過哈瑟爾伯勒灣（Hasselborough Bay）與巴克斯灣（Buckles Bay）之間狹窄的沙地。然而，這些澳洲生物學家性格堅韌，甘願忍受帶鹽的浪花、狂風和泥濘，只為研究那些以麥加里為家的眾多海鳥、企鵝、海豹以及植物。由於這些動植物在長途散播、遷徙下仍然存活，並能夠忍受麥加里惡劣的亞南極氣候，因此引起研究者的興趣。這座島嶼位於南極洲生物邊界以北約270公里處，屬於南極輻合帶，是冷暖洋流的匯合處。因此，麥加里被豐饒的海域所環繞，足可養育島上許多海鳥以及海洋哺乳動物。

對於氣象學家、氣候學家及物理學家來說，麥加里是能夠觀測南半球高緯度氣候和大氣現象的少數島嶼之一。電離層物理學家對此島更懷有濃厚興趣，因為其緯度恰可觀測壯觀的南極光。

頁 246 左：數以千計的皇家企鵝（*Eudyptes schlegeli*）在麥加里島桑迪灣的巢地內產卵並撫育後代。

頁 246-247：夏季的蛻皮季節裡，象海豹們在麥加里島北岸的沙灘上打盹，旁邊有一群企鵝圍觀。

頁 247 上：在麥加里島的盧西塔尼亞灣（Lusitania Bay），國王企鵝的巨大巢地是最壯觀的野生景象之一。後面青草覆蓋的山丘突兀奇峻，將澳洲亞南極島嶼的美展現得淋漓盡致。

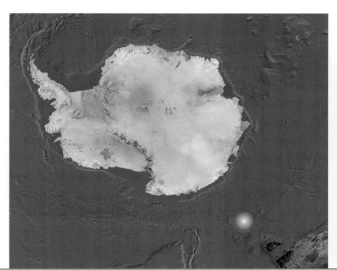

Macquarie Island

雖然麥加里現在受到完全的保護，但並非一貫如此。早在1810年，麥加里島被一艘以雪梨為基地的海豹捕獵船發現，而首度標示在地圖上。一些船員在圓卵石海灘登岸，開始屠殺海狗和海象，以獲得牠們的毛皮和含油量豐富的海豹脂。在那個年代，海豹脂需求量很大，是燈油和潤滑劑的原料，同時也用於塗料。起初的18個月內，有超過2萬多隻的海狗慘死。這場殺戮持續了將近100年，然而光是短短10年間，海狗便瀕臨滅絕。最後，在東南岸的盧西塔尼亞灣，就連長冠企鵝和國王企鵝都被趕上木製甲板，慘死在名為「蒸煮器」的沸騰大鍋裡。這樣的鍋一次就可以把多達2000隻企鵝熬成油脂。與南喬治亞等島嶼不同的是，麥加里島從來沒有成為捕鯨基地，這有部份是因為船隻登陸困難，並且缺少安全的港口。

澳洲著名的南極地質學家及探險家道格拉斯‧莫森（Douglas Mawson），在終止這種野蠻工業上起了相當作用。由於麥加里島大致位於澳洲大陸和南極大陸的中間，莫森在1911至1914年間，率領了澳洲南極探險隊，在這裡豎起了無線電桿，並建起了一座無線轉播站。到了1915年，紐西蘭人控制了煉油產業，麥加里島幾乎全部由紐西蘭管轄，莫森開始積極遊說，推動全面保護麥加里的行動。這

個行動一直持續到1933年，直至麥加里被正式指定為澳洲野生動植物保護區。不幸的是，人類早期的佔領對麥加里本地物種造成很大影響，諸如外來植物、黑鼠（*Rattus rattus*）、老鼠、紐西蘭秧雞（*Gallirallus australis*）、貓，更可悲的還有在煉油工業沒落後被遺留下來的兔子。這些外來物種的引進，直接導致了本地特有兩種鳥類的滅絕：一種是不會飛的秧雞，另一種是小鸚鵡（parakeet）。今天，儘管人們多次試圖用獵槍和粘液瘤病毒來消滅兔子，但兔子依然四處繁衍，嚴重破壞了寬闊的草叢帶。缺乏有效撲滅麥加里兔子的計畫，是澳洲舉國上下的恥辱，需要被緊急關注。

麥加里島是一片長達34公里、寬達5公里的狹長矩形陸地，是由一片海拔200公尺、為草叢覆蓋且高低起伏的高原所構成。高度443公尺的漢米爾頓山（Mt. Hamilton）是島上的最高點。高原上沒有樹木，幾乎是貧瘠的荒地，與苔原相似的高地上，密佈著湖泊和小溪，而後陡降至狹窄且狂浪拍擊的卵石灘上。小島以麥加里甘藍（*Stilbocarpa polaris*）而聞名於世，它能為水手提供寶貴的維生素C來源，使他們遠離壞血病。雖然在這個緯度大雪隨時飄落，可是島上卻沒有永久的雪原或冰河，而且從來未形成海冰。雖然冬季裡，此地的晝長會大幅

頁248左：麥加里島高原上的金字塔湖（Pyramid Lake）被繁茂的高山植被簇擁著。

頁248-249：襯著遠方維特山（Mt. Waite）的麥加里草叢是典型的高原植被景致。

頁249上：索耶溪瀑布（Sawyer's creek waterfall）從麥加里島高地傾瀉而下，並向大海奔流。

縮短，但一年到頭的風、氣溫、雲量及降雪量卻鮮有變化。在麥加里洋脊上，地震相當普遍，而且島嶼本身又橫跨在向北延伸至紐西蘭南島的一個主要斷層系上，此即阿爾卑斯斷層。

島上的海鳥非常有名，每年吸引大量遊客從荷巴特勇敢地穿越險惡水路至此。來這裡欣賞麥加里海灘上的長冠企鵝和國王企鵝，可說是地球上最美妙的野生動物奇景之一。世界最大的長冠企鵝群居地，就位於島嶼南端的赫德角（Hurd Point），這裡約有50萬對企鵝棲息。盧西塔尼亞灣也是一個令人驚嘆的野生生物家園，有大約20萬對處於繁育期、外型亮眼的國王企鵝在此生活，牠們有著黑橘相間的美麗頭部，以及非常特別、如號角般的鳴叫聲。巴布亞企鵝和跳岩企鵝也在麥加里島上繁育。島上已記錄的72種鳥類中，有四種是信天翁，分別為淡額鸌信天翁、漂泊信天翁、黑眉信天翁和灰頭信天翁。悲哀的是，所有鳥類種群數量的維持，正面臨存亡危機，這不僅是因為野貓等獵食動物的威脅，也因為捕魚業者的誤捕所致。

與企鵝共享海灘的動物，還有海象和海狗，其中以紐西蘭海狗佔最多數。1950年代，南象海豹曾達到11萬隻的頂峰，但之後數量便開始下降。雖然麥加里島周圍的海洋大陸棚頗為狹窄，卻蘊含豐富的海洋生物。巨大的牛藻（*Durvillaea antarctica*）為浮游生物和魚類提供了非常豐饒的生長環境，而這些海洋生物則提供了海豹和鳥類的食物來源。

雖然澳洲當局掌管兩座主要的亞南極島嶼——麥當勞島（McDonald Island）和滿佈冰河、火山頻發的赫德島——但麥加里島無疑是鑲嵌在澳洲大陸皇冠上的璀璨明珠。它與鄰近的紐西蘭亞南極島嶼群相結合，成為南冰洋野生動植物的重要庇護所。

頁250-251：雖然只有稀疏的草叢能遮擋南冰洋的寒風，夏季裡的一群皇家企鵝依然得要產卵和撫養幼子。

頁252左：麥加里島的一叢甘藍葉下是一對跳岩企鵝的避風港。

頁252-253：麥加里島的芬奇溪（Finch Creek）旁，一群皇家企鵝正穿越這片坎貝爾島的草本植叢，往大海方向前進。

頁254-255：夏日豔陽下，一對皇家企鵝在麥加里島特有的岩岸上享受日光浴。

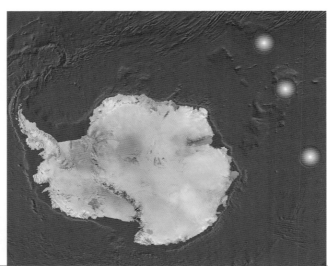

頁256上：凱爾蓋朗群島的庫爾貝半島海岸線崎嶇不平。

頁256-257：科羅捷特島上的國王企鵝巢地擁擠不堪。這裡除了成年企鵝外，尚有披著棕色絨毛的企鵝寶寶。

南印度洋的亞南極群島

The Subantarctic Islands of the Southern Indian Ocean

在南印度洋上，高低不平的亞南極群島自然保護區星羅棋佈，並由南非、法國和澳洲共同管理。雖然每座島嶼都位於南緯60度以北，都不受《南極公約》保護，但任何想登島的遊客都必須事先獲得許可，並依法遵守最嚴格的環境法規。這裡的每一座野生生物的聖殿都分隔得很遠，要想穿過浩瀚的南冰洋到達這些群島，必須歷經千辛萬苦，與「咆哮40度」及「怒吼50度」辛苦鏖戰。因此，這些美麗的島嶼很少有人拜訪，只有一些科學家在那裡進行大學或政府資助的科研專案。孤立反而成了最佳保護。

距離挪威管轄的布韋島東方約2,960公里處，坐落著隸屬於南非的馬里昂島及艾德華王子島，這兩座荒島大約位在好望角（Cape of Good Hope）東南方。風雨不絕地繼續往東925公里，是法國的科羅捷特群島，而再往東1,380公里，則是法國的凱爾蓋朗群島。在凱爾蓋朗東北方，坐落著更偏遠的聖保羅島（St. Paul Island）和阿姆斯特丹島（Amsterdam Island），最後是澳洲的赫德島和麥當勞島，距離凱爾蓋朗東南方只有500公里。而以赫德島為起點，向東航行漫長的5,900公里後，即可抵達下一座亞南極島嶼——麥加里島。

南印度洋向來不歡迎弱者。通常這個緯度區代表環境惡劣險峻，有狂風肆虐、冰雹不斷、雪雨交加。不過，很難相信雨過天晴後竟完全歸於平靜，唯有淡淡的霧氣繚繞其間。但等你卸下防備之心，亞南極的風暴會再度席捲而來。對於島嶼上的所有生命及荒野愛好者，我們只能真誠為你們祝福。

這些島嶼的形成都源自於火山，不過現在就只有赫德島的大本山火山活動仍舊活躍，而凱爾蓋朗島上則有冰河及終年積雪，其最高峰大羅斯峰（Pic du Grand-Ross）高1,850公尺。在主要島嶼格朗德特爾島的西南面，仍有火山噴發現象。凱爾蓋朗位於南緯49度，正處於南極輻合帶，所以其周圍從來沒有海冰圍繞。即便偶而出現冰山，也會漂移到遙遠的北方。

凱爾蓋朗群島（最初叫做荒蕪之島）早在1772年就被法國航海家凱爾蓋朗·特雷馬克（Yves-Joseph de Kerguelen-Trémarec）船長發現。1776年，詹姆斯·庫克船長也協助將凱爾蓋朗群島標注在地圖上南緯區的新大陸中。自此，曾經發生於南冰洋周遭的亞南極島嶼慘劇再度上演。不久，捕鯨船與海豹船即紛至沓來，開始殘忍地獵捕鯨魚、象海豹和海狗。另外，凱爾蓋朗也因凱爾蓋朗甘藍（*Pringlea antiscorbutica*）而在早期水手中口耳相傳。顧名思義，它們能提供飲食營養不足的水手們豐富的維生素C。

凱爾蓋朗島是一座很大的島嶼（120公里×110公里）。由於島上有很多幽深的峽灣，島嶼的任何一部分與海洋的距離都不超過20公里。島上有一座巨大永久性的法國研究站，位於法蘭西港（Port aux France），夏季最多有110名工作人員，冬季則有70名，隸屬於法屬南方和南極洲領地（Terres Australes et Antarctiques Francaises）。而遺憾的是，多年來外來物種的入侵給主要島嶼帶來嚴重衝擊。凱爾蓋朗島上有綿羊——也就是現在非常稀少的比才羊（Bizet sheep）、科西嘉山羊（*Ovis aries*）、兔子、馴鹿、牛、貓、老鼠，甚至鮭魚。貂也被帶到凱爾蓋朗島上，有一些還游到附近300多座小島上。幸運的是，凱爾蓋朗島上的國王企鵝、巴布亞企鵝、長冠企鵝和跳岩企鵝的種群數量仍屬正常。信天翁也選擇凱爾蓋朗島，在它的原始海岸繁殖，並把它當作突擊南冰洋獵物的起飛基地。另外，島上還住著強大的漂泊信天翁、黑眉信天翁、灰頭信天翁和淡額鳥信天翁，成群的海燕和鸌鳥也在此繁衍生息。

被統稱為艾德華王子島群島的馬里昂島和艾德華王子島，自1947年後成為南非政府的領地。這兩座島嶼坐落於南緯46度，距離南非的伊利薩白港（Port Elizabeth）東南方約1,850公里。這兩座火山島中較大的馬里昂島，其上有一座小型科研基地，在此的研究人員主要進行氣象學和生物學方面的研究。島上的最高峰為標高1,242公尺的馬斯克林峰（Mascarin Peak）。那裡經常烏雲密佈，因為島上一年之中至少有320天會處於豪雨和狂風肆虐的惡劣天氣。馬斯克林峰最近一次噴發是在1980年，因此被歸類為活火山。

雖然馬里昂島在1663年首次被發現，不過直到1772年才由馬可–約瑟夫·馬里昂·迪弗倫（Marc-Joseph Marion du Fresne）再度造訪。他耗費了5天的時間嘗試登陸，並且以為他發現了長久以來人們假想、廣大的未知南方大陸──南極洲。其後，無所不至的詹姆斯·庫克船長，將另一座島嶼命名為艾德華王子島，雖然他也未能成功登陸。

1949年，人們為了應付存在已久的鼠患，將5隻貓帶到島上，但貓隻卻急速繁殖，到了1977年，牠們的數量暴增至超過3,400隻。可想而知，貓對穴居的海燕和其他海鳥帶來毀滅性的衝擊，人們必須加以獵捕以減少牠們的數量。現在，島上所有的貓都被根除消滅了。有500萬隻企鵝在艾德華王子島上繁殖後代，其中有200萬隻是亮眼而優雅的國王企鵝，牠們在5個主要棲息地生活。另外，巴布亞企鵝、跳岩企鵝和長冠企鵝也分別有自己的棲地。皇家企鵝偶爾也會造訪島上，不過那裡並不是牠們的繁殖地。有5種信天翁在島上繁衍，其中約有3,000對漂泊信天翁，是為數最多者。

赫德島和麥當勞島位於西部澳洲的伯斯（Perth）西南方約3,860公里處，它們是最後被發現的南印度洋亞南極島嶼，在1833年才被首度造訪。最後，在1854年和1874年，挑戰者號（Challenger）科學考察隊的船員成功登陸島上。兩座島嶼均是火山地帶，而赫德島上覆蓋厚厚冰河的大本山尤其活躍。標高2,745公尺的莫森峰是山區的最高峰，它同時也是澳洲最高峰。有15座主要冰河從大本山緩流而下，最後停留在海岸上成為陡峭的冰崖。這些屏障使得以徒步環繞島嶼變得非常艱難。位於赫德島以西僅42公里、未受冰凍的麥當勞島，已然休眠了75,000年，不過在近幾年曾發生數次噴發，最近的一次是在2005年。

自1947年以來，赫德島和麥當勞島便歸屬為澳洲領土，並於1997年被列為世界遺產。赫德島是以一位美國水手的名字命名，他於1853年首次發現這座島嶼。此一發現不可避免地引發了人們對海狗展開血腥屠殺，慘劇一直持續到1880年，而當時海狗已然幾近滅絕。在這段時間，有多達200位的海狗獵人居住在海岸上陰冷的小屋中。自1947至1955年，澳洲當局經管著位於阿特拉斯灣（Atlas Cove）的科研基地，而此島嶼則全境規劃為自然保護區。海豹獵人居住的小木屋，最後於2001年被全部拆除。

赫德島坐落於南緯53度，恰好位於南極輻合帶靠極地的一邊，因此它在冬季不會形成海冰。豹海豹是這裡的常客，不過海狗和海象才是海灘上最主要的鰭足類物種。赫德島上居住著超過200多萬隻長冠企鵝，更有10萬對繁殖期的國王企鵝，也在島上撫育那些長著棕色絨毛、圓滾滾的企鵝寶寶。幸運的是，外來物種從未被引進到這座絕美的野性島嶼上。

人們期望在法國和南非當局掌管下，能持續撲滅島上的外來植物和動物。對於澳洲的麥加里島來說，這也是一項十分緊迫的要務。南印度洋的每一座亞南極島嶼，都是海鳥和海洋哺乳動物珍貴的樂園，能夠為牠們保留最佳的環境。

位於南緯46度、由6座主要火山島嶼組成的科羅捷特群島，同樣由法國管轄。從1963年開始，法國一直營運著由30名工作人員駐留的阿弗列

The Subantarctic Islands of the Southern Indian Ocean

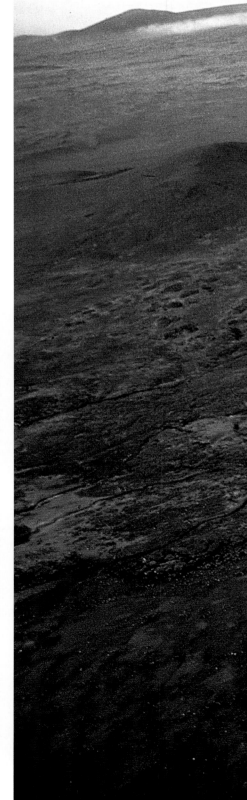

德・福爾科研站（Alfred-Faure Station），並全年進行著生物學、地質學和氣象學的研究工作。科羅捷特群島是由法國探險家馬可－約瑟夫・馬里昂・迪弗倫所發現，他在1722年成功登陸其中的波瑟欣島（Ile de la Possession），並以其副手的名字為這個群島命名。科羅捷特群島以狂風和暴雨聞名。儘管氣候惡劣，仍有多達200萬對長冠企鵝於夏天的繁殖季節在島上築巢。巴布亞企鵝和跳岩企鵝也在科羅捷特群島上建立棲息地。此外，島上也有為數最多的國王企鵝，可能是世界上最大的國王企鵝棲息地。虎鯨會定期在海灘巡游往返，獵捕小海豹或粗心的企鵝。同時，牠們會猛然彈跳到海灘上，為獵食做最後的衝刺。這種困難的戰略需要極高的技巧，以便再利用下一波浪潮轉身蠕動潛回到海水中。人們在阿根廷的巴塔哥尼亞海灘上，也見識過這種攻擊方式。

科羅捷特群島最初是馬達加斯加的附屬領地，於1938年被列為自然保護區。島上一度原始的生態系統，已然遭到境外引進的貓和鼠類嚴重破壞。不過至少，外來引進的山羊和豬已經被消滅殆盡。這些動物原本被那些因海難失事而流落荒島的人們當作食物。1887年，法國船隻「塔瑪利斯號」（Tamaris）遇難失事，在豬島（Ile des Cochons）擱淺。船員將救援記號綁在一隻漂泊信天翁的腳上，7個月以後，被澳洲西部的人們所發現。

頁260左：在海風吹拂的馬里昂島海灘上，一隻雄性象海豹與牠的眾妻妾悠然躺臥著。

頁260-261：科羅捷特群島東島的俯瞰圖。

頁261上：科羅捷特群島上有一隻正在褪毛的跳岩企鵝，等著換發新羽毛後能返回海中覓食。

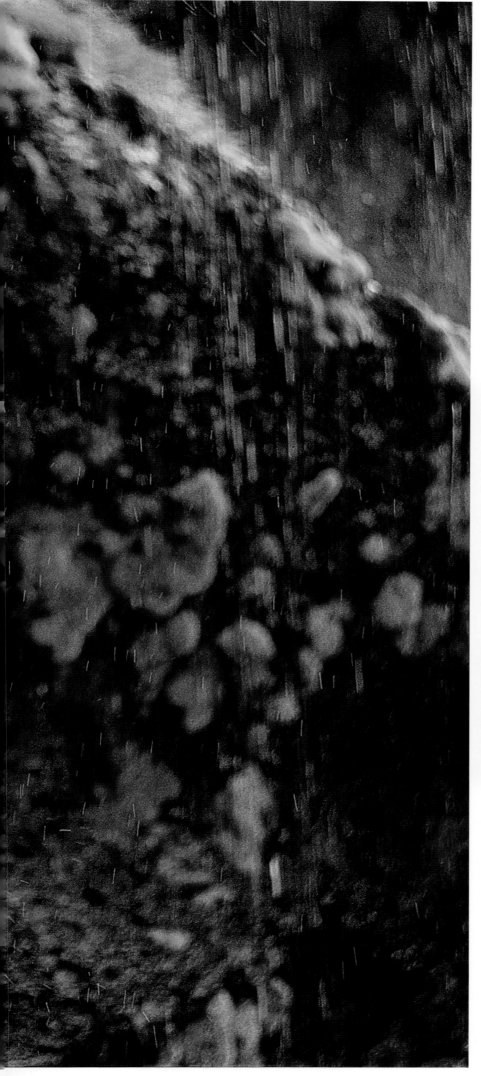

The Subantarctic
Islands
of the Southern
Indian Ocean

頁262-263：一隻淡額鸌信天翁將科羅捷特群島上的一處峭壁當做避風港。

頁263右：一隻淡額鸌信天翁飛越科羅捷特群島上草叢密生的山岬上空。

頁264上：坎貝爾島上岩石遍佈的信天翁巢地上，一隻優雅的坎貝爾黑眉信天翁降落在自己的巢穴中。

頁264下：一隻抹香鯨潛入科羅捷特群島的沿岸水域尋找牠們的主食——魷魚。抹香鯨能沉潛多深讓人無法想像，甚至還能在水中憋氣長達半個小時以上。

頁264-265：人們將斯納爾斯群島的西岸稱作「岬」，是因為在這裡靠岸具有危險性。

頁266左：科羅捷特群島上，象海豹龐大的身軀使身旁那隻好奇的
國王企鵝顯得非常矮小。

頁266-267：一隻站在科羅捷特群島上國王企鵝巢地中的雄性象海
豹正遠眺大海。

攝影師名錄 PHOTOGRAPHIC CREDITS

一對求偶期的皇帝企鵝

遺世獨立的極地之美　VANISHING WILDERNESS OF ANTARCTICA

出版社	閣林國際圖書有限公司
發行人	楊培中
作者	COLIN　MONTEATH
翻譯	高圓圓
統籌	王存立
企劃編輯	藍怡雯、黃韻光
文字編輯	陳文怡、陳峻毅
校　對	王琳雅
美術主編	林欣穎
美術編輯	陳致儒
封面設計	林欣穎、林慧芳
出版地址	新北市 235 中和市建一路 137 號 6 樓
電話	02-8221-9888
傳真	02-8221-7088
閣林讀樂網	www.greenland-book.com
E-mail	service@greenland-book.com
劃撥帳號	19332291
出版日期	2013 年 02 月初版
ISBN	978－986－292－093－0

版權所有　翻印必究

遺世獨立的極地之美 / Colin Monteath 作；
高圓圓翻譯.
-- 初版. -- 新北市：閣林國際圖書, 2013.01
面；　公分. -- (世紀之美)
譯自：Vanishing wilderness of Antarctica

ISBN 978-986-292-093-0(精裝)

1.世界地理　2.極地圈

716.08　　　　　　　　　　102000097